마르하반!
아랍어
따라쓰기

마르하반! 아랍어 따라쓰기

초판 1쇄 발행 2019년 9월 5일

발행인 양홍걸, 이시원
지은이 한신실
발행처 ㈜에스제이더블유인터내셔널

출판총괄 조순정
기획편집 최예경
콘텐츠개발 황혜정
편집디자인 김현철, 강민정, 김보경, 차혜린, 이상현
일러스트 김선희, 장하은
출판마케팅 장혜원, 이윤재, 이성원, 위가을, 손희승
제작/지원 김석성, 양수지

임프린트 시원스쿨
홈페이지 www.siwonschool.com
주소 서울시 영등포구 국회대로74길 12 남중빌딩 시원스쿨

등록번호 2010년 10월 21일 제 321-2010-0000219
도서문의안내
대량구입문의 02)2014-8151 **팩스** 02)783-5528
기타문의 02)6409-0878

발음부터 기초 문장까지 한 권에 쏙!

마르하반!
아랍어
따라쓰기

한신실 지음

S 시원스쿨닷컴

مَرْحَبًا!

마르하반! 아랍어 강사 한신실입니다.

여러분들은 '아랍'이라고 하면 어떤 이미지가 떠오르시나요? 하늘을 나는 양탄자와 램프의 요정 지니가 등장하는 아라비안나이트가 떠오르는 분도 있겠고, 나일강 문명의 피라미드, 드라마에서 보았던 아름다운 고대 도시 페트라(Petra)가 떠오르는 분도 있겠네요. 또 실크로드를 넘나들던 아라비아 상인들, 세계 최고 호화 호텔 버즈 알 아랍(Burj Al Arab)을 생각하는 분도 있을 거예요.

아랍은 고대 역사와 문화, 학문의 중심지이자 경제 무역의 중심지이기도 합니다. 이 글을 읽고 있는 여러분들이 어떤 이유로 이 책을 접하셨는지는 모르겠지만, 그 이유가 역사에 대한 관심이든 비즈니스를 위한 발걸음이든, 모두 다 환영입니다. 이 책을 통해 아랍어에 입문하면서 여러분의 모든 관심은 '단순 흥미'가 아닌 '좋은 선택'이었다는 확신으로 바뀌게 될 테니까요!

아랍어를 배우고 싶어도 낯설고 어려워서 시작도 하지 못하는 분들이 많다는 것, 잘 알고 있습니다. 그래서 저는 여러분이 아랍어를 향해 내딛는 첫 발걸음에 힘을 실어 아랍어의 문턱을 '확' 낮추고자 합니다. 본서에서는 알파벳을 연상할 수 있는 삽화와 적재적소에 아랍어 읽기·암기 노하우를 제시하여, 자신도 모르는 사이에 아랍어를 척척 읽어 낼 수 있도록 구성하였고, 더 나아가 시원스쿨 '아랍어 왕초보 탈출 1, 2, 3탄' 강의에서는 단어와 패턴의 반복 학습을 통하여 학습한 문장을 오랫동안 기억에 남도록 했습니다. 그리고 온·오프라인 수강생들의 학습 데이터를 기반으로 학습자들의 시기별·단계별 학습 난점을 파악하여 그 해결책을 강의에 녹였습니다. 우리가 이미 알고 있는 내용과 아랍어 사이의 연결 고리를 찾아, 강의를 듣기만 해도 저절로 암기가 되는 시스템으로 강의를 진행하고 있습니다.

이제 낯설고 두려웠던 아랍어의 첫인상을 지워 주세요. 본서를 만난 이상, 아랍어는 '한번 해 볼 만한 것'으로 느껴질 것입니다. 앞으로 아랍어를 공부하는 모든 시간과 목표를 이루는 모든 순간에 이 책이 여러분에게 자신감을 심어 줄 것이라 자부합니다. 아랍어를 통해서 더 넓고 아름다운 세상을 보여 드리겠습니다. 그럼 출발~!

아랍어가 여러분의 지니가 되기를 바라며
저자 한신실

목차

PART 1

알파벳 독립형 쏙쏙 기억하기 · 12

알럽아랍1 ❤ 아랍의 식문화

PART 2

어두형·어중형·어말형 연습하기 · 30

알럽아랍2 ❤ 음료를 통한 환대 문화

PART 3

단어와 문장으로 마무리하기 · 90

알럽아랍3 ❤ 아랍의 인사말

📖 **부록(필수단어300, 필수표현50)** · 132

Part1 알파벳 독립형 쏙쏙 기억하기

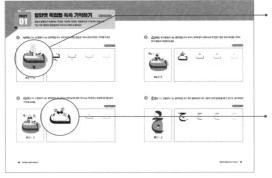

아랍어에 쉽게 익숙해질 수 있도록 알파벳 모양을 연상시키는 그림을 넣어 이해를 도왔습니다. 삽화를 떠올리면서 아랍어 알파벳을 바로 연상해 보세요.

독립형부터 차근차근 아랍어 쓰는 순서를 표시했습니다. 알파벳의 이름 및 음가와 관련된 재미있는 설명을 읽으며 따라 쓰다 보면, 어느새 28개 알파벳을 모두 외우고 있는 자신을 발견하게 될 것입니다.

Part2 어두형·어중형·어말형 연습하기

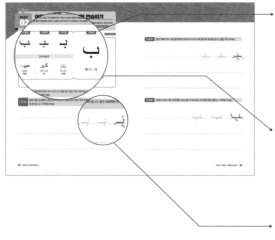

독립형은 익숙하지만 어두형·어중형·어말형에 익숙하지 않은 학습자를 위해 독립형과 위치별 알파벳을 한눈에 볼 수 있도록 구성했습니다.

맛보기 단어에 해당 알파벳을 색자로 표시하여 위치에 따라 알파벳이 어떤 모양으로 쓰이는지 쉽게 확인할 수 있습니다.

어두형·어중형·어말형의 쓰는 순서를 제공하여 혼자서도 얼마든지 연습할 수 있도록 구성했습니다.

Part3 단어와 문장으로 마무리하기

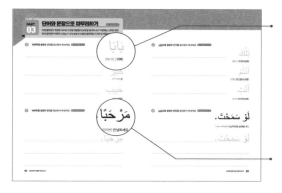

Part2에 맛보기로 등장했던 단어를 Part3 에서는 직접 써 볼 수 있도록 했습니다. 위치에 따라 달라지는 알파벳 모양을 확 인하면서 Part2에서 숙지하지 못한 단어 들까지 익숙하게 만들어 보세요.

알파벳을 활용한 문장을 제시하여 문장 내에서 알파벳이 어떤 모양으로 사용되 는지 확인할 수 있습니다. 단어뿐만 아니 라 문장까지 확장하여 쓰기 연습을 해 보 세요.

알럽아랍

'알럽아랍' 코너를 통하여 재미있게 아랍 의 문화를 접해 보세요. 저자의 생생한 경험담과 더불어 다양한 사진 자료와 삽 화를 보면서 아랍의 문화에 한 발짝 더 다가갈 수 있을 것입니다.

실력체크

열심히 익힌 알파벳을 단어 안에서 찾아 낼 수 있는지 확인하는 코너입니다. 지금까지 배운 내용들을 간단하게 체크해 보세요.

한눈에 정리하기

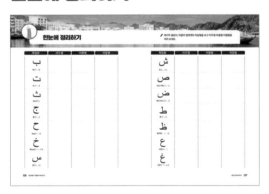

알파벳 독립형, 어두형·어중형·어말형을 한눈에 정리할 수 있습니다. 독립형과 더불어 위치별 알파벳을 마지막으로 되짚으며 복습해 보세요.

부록(필수단어300, 필수표현50)

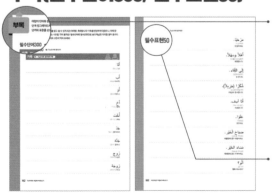

알파벳을 마스터하고 한 단계 업그레이드를 원하는 분들을 위한 코너입니다. 가족, 음식 등 주제별로 단어를 분류하여 기억하기 쉽게 구성하였으며, 동사, 의문사 등 품사별로 반드시 알아야 할 단어들도 정리했습니다. 반드시 훑어보며 쓰기 연습을 해 보세요!

아랍어 입문자가 활용할 수 있는 필수표현 50개를 선별하였습니다. 짧으면서도 꼭 필요한 표현들이니 절대 놓치지 마세요!

Ready!_이것만은 꼭 알고 넘어가기

본격적으로 아랍어를 써 보기 전에 아랍어에 대해서 알아보도록 할까요?

🪔 아랍어(العربية)란 무엇인가?

아랍어는 UN이 지정한 세계 6대 공용어이자 아랍 연맹 22개국에서 모국어 또는 공용어로 사용하는 언어이며, 전 세계 57개 이슬람 국가에서 사용하는 종교 언어입니다. 또한 아랍어 자음은 라틴어 문자에 이어 두 번째로 많이 사용되는 문자이며, 28개의 자음과 3개의 단모음을 기본으로 사용합니다.

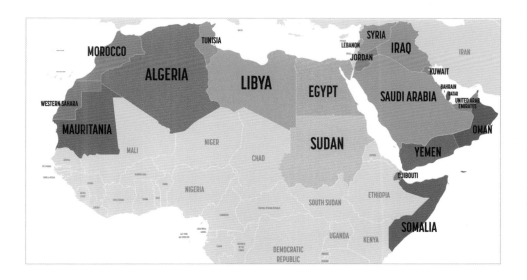

🪔 아랍어의 위치별 모양

알파벳은 기본형(독립형)과 위치별 알파벳 모양이 서로 다릅니다. 단어의 맨 앞에 위치할 때에는 **어두형**, 단어의 중간에 위치할 때에는 **어중형**, 단어의 맨 끝에 위치할 때에는 **어말형**이라고 지칭합니다. 알파벳 중 가장 먼저 배울 'ب바'로 어두형, 어중형, 어말형이 어떻게 다른지 살펴봅시다.

독립형	어두형(단어 앞)	어중형(단어 중간)	어말형(단어 끝)
ب	بـ	ـبـ	ـب

* 각 알파벳의 어두형·어중형·어말형 모양과 쓰는 방법은 Part2에서 자세히 배울 거예요!

9

🪔 아랍어의 특징

- 모음은 자음의 위·아래에 표시한다.

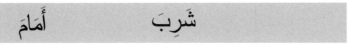

أَمَامَ   شَرِبَ

- 알파벳을 연결하여 표기한다.

مكتب

ب + ت + ك + م

- 오른쪽에서 왼쪽 방향으로 쓴다(숫자는 왼쪽에서 오른쪽 방향).

شَرِبَ ← شَرِ ← شَ
③   ②   ①

← 쓰는 방향

⌨ 일러두기 | 모음과 함께 쓰는 발음기호

1. 수쿤(˚): 모음이 없다는 표시로, 우리말 모음 '一'에 해당되는 발음입니다. 받침으로 들어가는 경우와 한글 모음 '一'와 결합하는 경우가 있습니다. 수쿤은 자음 위에 ˚ (원 형태)로 표기합니다.
 ex) 받침으로 들어가는 경우: تَعَالْ [타알:] 오세요
  한글 모음 '一'와 결합하는 경우: نِصْف [니스프] 1/2, 30분

2. 샷다(ّ): 두 개의 같은 자음(수쿤이 있는 자음+모음이 있는 자음)이 겹쳐서 발음되는 것을 표기합니다. ex) a 모음: بَّ [ㅂ바], i 모음: بِّ [ㅂ비], u 모음: بُّ [ㅂ부]

3. 타 마르부타(ة): 아랍어는 언어의 특성상 남성형과 여성형 단어로 나뉘며, 어미에 별도 표기가 없는 일반 단어는 남성형입니다. '타 마르부타'는 여성형 어미로써 단어의 마지막에 위치하고, 독립형(ة)과 어말형(ﺔ) 두 가지 형태만 존재합니다. 타 마르부타의 음가는 [ㅌ, t]지만, 실제로는 거의 발음하지 않기 때문에 본서에서는 발음을 생략했습니다.
 ex) كَاتِب [카:팁] (남) 작가 / كَاتِبَة [카:티바] (여) 작가

4. 탄윈(ً ٍ ٌ): '모음이 더블'이라는 더블 모음 표기이며, 마지막 모음이 탄윈으로 끝날 때는 발음에 'ㄴ' 받침(n음)이 추가됩니다.
 ex) بً [반], بٍ [빈], بٌ [분]

* 본서에서는 단어와 문장의 마지막 모음을 생략하였습니다. 아랍인들은 마지막 모음을 거의 발음하지 않는 경향이 있고, 문장 내 격(주격·목적격·소유격)에 따라 마지막 모음 표기가 달라지기 때문입니다. 이 점 참고해 주세요!

🪔 아랍어의 구성

아랍어는 28개의 자음과 3개의 단모음을 기본으로 사용합니다. 원어민 MP3를 들으면서 아래의 알파벳 이름과 음가를 눈으로 먼저 익혀 보세요.

🔊 Track-Ready!-자음

1. 자음

خ	ح	ج	ث	ت	ب	أ
Khaa [ㅋㅎ, kh]	haa [ㅎ, h]	쥠 [ㅈ, j]	tha [th]	타 [ㅌ, t]	바 [ㅂ, b]	알리프 함자 [아, ']
ص	ش	س	ز	ر	ذ	د
솨드/서드 [ㅅ, s]	쉰 [ㅅ, sh]	씬 [ㅆ, ss]	zaay [ㅈ, z]	raa [ㄹ, r]	dhaal [ㄷ, dh]	달 [ㄷ, d]
ق	ف	غ	ع	ظ	ط	ض
까프 [ㄲ, q]	파 [ㅍ, f]	가인 [ㄱㅎ, gh]	아인 [ㅇ, ']	돠/좌 [ㄷㅈ, dz]	똬 [ㄸ, t]	돠드/더드 [ㄷ, d]
ي	و	ه	ن	م	ل	ك
야 [y]	와우 [우, w]	하 [ㅎ, h]	눈 [ㄴ, n]	밈 [ㅁ, m]	람 [ㄹ, l]	카프 [ㅋ, k]

* 원래 아랍어 알파벳 순서는 위와 같지만, 본서에서는 비슷한 알파벳끼리 묶어서 기억하기 쉬운 순서대로 배열했습니다.

2. 모음

아랍어의 기본 모음은 'a', 'i', 'u' 세 가지가 있습니다. 'a' 모음은 자음 위에 작은 빗금을 쳐서 표기하고, 'i'는 자음 아래에 빗금을 쳐서 표기합니다. 'u'는 자음 위에 쉼표처럼 표기합니다. 그리고 단모음을 길게 발음하는 장모음이 있는데, 각각 다음과 같이 표기합니다.

🔊 Track-Ready!-모음

단모음		장모음	
A 모음 [아]	َ	A 모음 [아 :]	ـَا
I 모음 [이]	ِ	I 모음 [이 :]	ـِي
U 모음 [우]	ُ	U 모음 [우 :]	ـُو

* 두 개의 알리프가 연속해서 오는 경우인 'آ 맛다 [아:]'와 'ى 알리프 마끄수라 [이:]'라는 장모음이 있다는 것도 참고로 알아 두세요!

PART
1

هَيَّا نَدْرُسْ!

알파벳 독립형
쏙쏙 기억하기

어렵고 멀게만 느껴지는 아랍어! 머리에 쏙쏙 박히는 재미있는
연상법으로 아랍어 알파벳을 완성해 봅시다.

알파벳 독립형 쏙쏙 기억하기

🔊 Track Part 01

앞에서 말했듯이 아랍어는 독립형, 어두형, 어중형, 어말형으로 구성되어 있습니다.
가장 기본 형태인 독립형부터 차근차근 따라 써 볼까요?

1 ﺑ 바는 [ㅂ, b] 발음이 나는 알파벳입니다. 마치 바구니처럼 생겼죠? '바구니의 바'라고 기억해 주세요.

🔊 Track 01-01

바 [ㅂ, b]

2 ﺗ 타는 [ㅌ, t] 발음이 나는 알파벳입니다. 바구니 위(Top)에 점이 두(Two) 개 있으니 모양과 음가를 같이
기억해 주세요.

🔊 Track 01-02

타 [ㅌ, t]

3 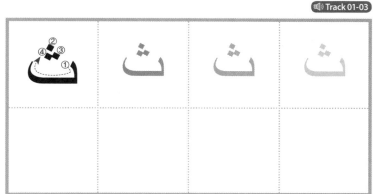는 [th] 발음이 나는 알파벳입니다. 바구니 위에 점이 세(three) 개 있죠? 점의 수와 위치를 기억하면서 발음과 연상해 보세요.

🔊 Track 01-03

tha [th]

4 쥠은 [ㅈ, j] 발음이 나는 알파벳입니다. 배가 볼록하게 나온 사람이 손에 짐(쥠)을 들고 있다고 생각하세요.

🔊 Track 01-04

쥠 [ㅈ, j]

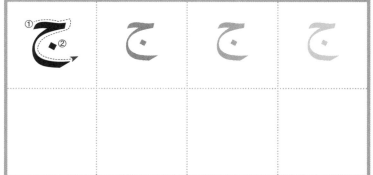

⑤ ‎ح‎ haa는 [ㅎ, h] 발음이 나는 알파벳입니다. 손에 들고 있던 무거운 짐이 없어졌네요. 짐을 내려놓고 편하게 '하~'라는 소리를 내며 쉰다고 생각해 보세요. 그냥 '하'가 아닌 목에서부터 나오는 '하~'입니다.

🔊 Track 01-05

haa [ㅎ, h]

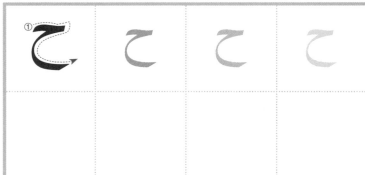

⑥ ‎خ‎ khaa는 [ㅋㅎ, kh] 발음이 나는 알파벳입니다. 무거운 짐이 다시 머리 위로 올라가서 기분이 나빠진 사람이 침을 '카학' 뱉는다고 생각해 보세요.

🔊 Track 01-06

Khaa [ㅋㅎ, kh]

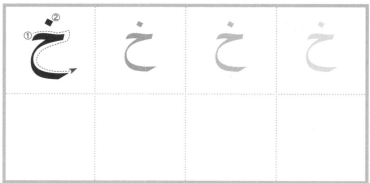

⑦ **سس** 씬은 [ㅆ, ss] 발음이 나는 알파벳입니다. **س** 옆에 한글 모음 'ㅣ'와 자음 'ㄴ'을 쓰면 한글 '씬'이 연상됩니다. 'ㅆ' 발음을 기억해 주세요.

🔊 Track 01-07

씬 [ㅆ, ss]

① سِّ	س	س	س

---

⑧ **ش** 쉰은 [ㅅ, sh] 발음이 나는 알파벳입니다. 씬과 비슷하지만, 위에 점이 세 개 얹혀 있죠? '점 세 개 → 세모 → ㅅ 발음'으로 연상하면서 외워 봅시다.

🔊 Track 01-08

쉰 [ㅅ, sh]

②④③① شِّ	ش	ش	ش

⑨ **ص** 솨드/서드 는 [ㅅ, s] 발음이 나는 알파벳입니다. 사드 배치 모양처럼 생겼죠? 연상해서 알파벳 이름과 음가를 기억해 주세요. 그냥 'ㅅ'이 아닌 무겁고 어두운 'ㅅ' 발음이 납니다.

🔊 Track 01-09

솨드/서드 [ㅅ, s]

---

⑩ **ض** 돠드/더드 는 [ㄷ, d] 발음이 나는 알파벳입니다. 앞의 솨드 **ص** 에 점을 '더'했으니 '돠드/더드'라고 기억해 주세요. 그냥 'ㄷ'이 아닌 무겁고 어두운 'ㄷ' 발음이 납니다.

🔊 Track 01-10

돠드/더드 [ㄷ, d]

⑪  똬는 [ㄸ, t] 발음이 나는 알파벳입니다. 뱀이 '똬리'를 틀고 있는 모습을 생각하면서 알파벳 이름과 음가를 기억해 보세요.

🔊 Track 01-11

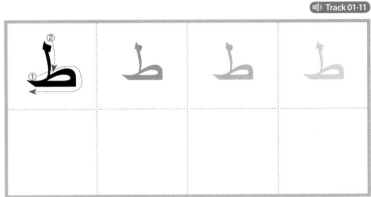

똬 [ㄸ, t]

---

⑫  돠/좌는 [ㄷㅈ, dz] 발음이 나는 알파벳입니다. 소파에 사람이 자(좌)리 잡고 있는 모습이에요.

🔊 Track 01-12

돠/좌 [ㄷㅈ, dz]

⑬ ‎ع‎ 아인은 [ㅇ, ‘] 발음이 나는 알파벳입니다. 머리가 작고 몸통이 긴, 비율 좋은 배우 '(유)아인' 씨를 생각하면서 글자를 연상해 보세요. 목에 힘을 꽉 주고 발음하는 'ㅇ'입니다.

🔊 Track 01-13

아인 [ㅇ, ‘]

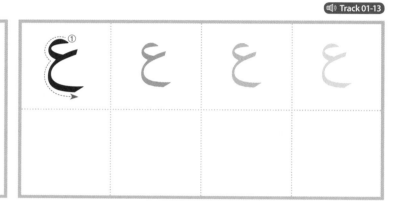

---

⑭ ‎غ‎ 가인은 [ㄱㅎ, gh] 발음이 나는 알파벳입니다. 머리가 작고 몸통이 긴, 그리고 머리카락을 높이 묶은 연예인 '(한)가인' 씨를 생각하면서 글자를 연상해 보세요. 가글할 때 목구멍에서 나는 소리와 비슷합니다.

🔊 Track 01-14

가인 [ㄱㅎ, gh]

⑮ ف 파는 [ㅍ, f] 발음이 나는 알파벳입니다. 누운 'P' 또는 누운 'F' 모양으로 연상해 보세요.

🔊 Track 01-15

파 [ㅍ, f]

⑯ ق 까프 는 [ㄲ, q] 발음이 나는 알파벳입니다. 점이 쌍으로 찍혀 있고, 모양이 숫자 9와 비슷하니까 '쌍(점이 2개) + 숫자 9(구, ㄱ 발음) = ㄲ'으로 기억해 보세요.

🔊 Track 01-16

까프 [ㄲ, q]

Tip 목젖을 붙였다가 떼면서 발음하면 됩니다.

⑰  카프는 [ㅋ, k] 발음이 나는 알파벳입니다. 알파벳 안의 작은 's' 모양을 날아가는 스카프로 연상하여 '스카프(s카프)'로 기억해 주세요.

🔊 Track 01-17

카프 [ㅋ, k]

Tip '카프'와 '캬프'의 중간 발음을 낸다고 생각하면 됩니다.

---

⑱ 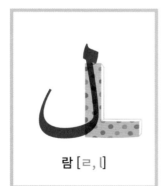람은 [ㄹ, l] 발음이 나는 알파벳입니다. 모양이 좌우 반전된 영어 알파벳 'L'과 비슷하죠? 알파벳 이름과 음가를 'L'과 연상하여 기억해 주세요.

🔊 Track 01-18

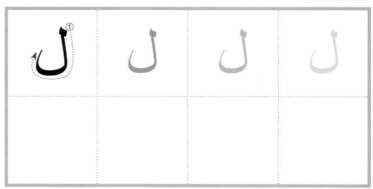

람 [ㄹ, l]

⑲ م 밈은 [ㅁ, m] 발음이 나는 알파벳입니다. 세수하는 고양이의 앞발과 'miaow~' 고양이 울음소리를 연상하면서 알파벳 모양과 음가를 기억해 보세요.

밈 [ㅁ, m]

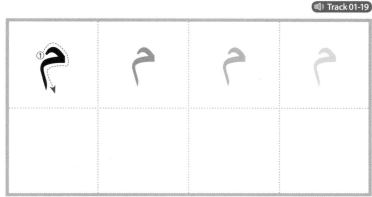

⑳ ن 눈은 [ㄴ, n] 발음이 나는 알파벳입니다. 눈(eye)의 눈동자를 찍는 것처럼 가운데 윗부분에 점을 찍어 줍니다.

눈 [ㄴ, n]

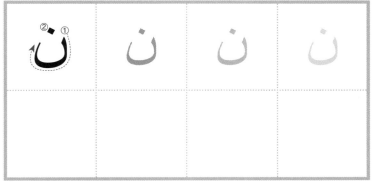

Tip 눈ن과 바ب를 쉽게 구분하는 방법이 있습니다. 점이 위에 하나 붙었을 때는 우리 몸에서 위에 위치하는 '눈(eye)'을 생각하면서 눈 ن을 연상하세요. 그리고 점이 아래에 하나 붙었을 때는 우리 몸에서 눈보다 아래에 위치하는 '배'를 생각하면서 바ب를 연상하면 됩니다.

㉑ ه하는 [ㅎ, h] 발음이 나는 알파벳입니다. 위에 모자를 씌워 주면 한글 자음 'ㅎ'과 비슷하죠? 'ㅎ'을 연상하면서 알파벳 이름과 음가를 기억해 주세요.

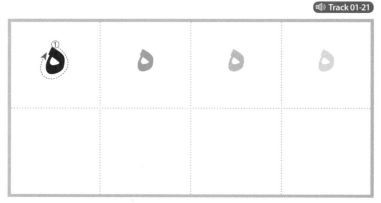

🔊 Track 01-21

하 [ㅎ, h]

㉒ ي야는 [y] 발음이 나는 알파벳입니다. ي는 '오리야~'라고 부르면서 기억합시다. 오리는 물에 살짝 잠겨 있죠? 's'를 그릴 때 오리 엉덩이처럼 아래를 통통하게 그린 후, 그 아래에 점 2개(오리 발 2개)를 그려 주세요.

🔊 Track 01-22

야 [y]

Tip 점이 위(Top)에 2개면 타ت, 점이 아래에 2개면 '오리의 발'을 연상하면서 야ي를 기억해 주세요.

㉓ **ٱ** 알리프 함자는 [아, ']발음이 나는 알파벳입니다. '모자를 쓴 알바생이 이쁘(리프)다'라고 생각해 봅시다.
영어 알파벳 'i(아이)'와 비슷한 모양이므로 'i(아이)'의 '아, '' 발음이 난다고 생각해 주세요.

🔊 Track 01-23

알리프 함자 [아, ']

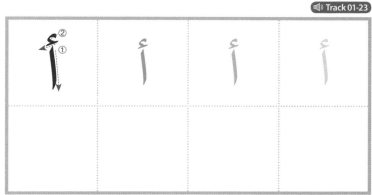

Tip '음가 부분의 '' ' 발음은 목구멍을 닫았다가 열었을 때 나는 'ㅇ(이응)' 발음이라고 생각하면 됩니다. 그리고 알파벳의 조그마한 's' 모양
(함자)은 생략될 때도 많으므로 모자를 썼다가 벗었다가 하는 것처럼 함자도 생략될 때가 있다고 생각해 주세요.

㉔ **د** 달은 [ㄷ, d]발음이 나는 알파벳입니다. 예쁘장한 초승'달'을 연상하면서 알파벳의 모양과 음가를 기억해
주세요.

🔊 Track 01-24

달 [ㄷ, d]

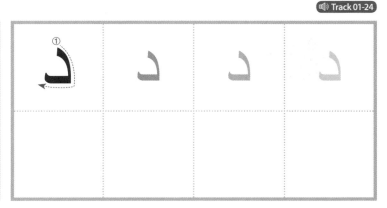

25  ذ dhaal 은 [ㄷ, dh] 발음이 나는 알파벳입니다. 달에 점을 하나 더 찍어서 '조금 느끼하게 발음되는 달'이라고 생각해 주세요. 영어 단어의 'the, that'을 발음할 때의 'ㄷ' 발음과 비슷합니다.

🔊 Track 01-25

dhaal [ㄷ, dh]

---

26 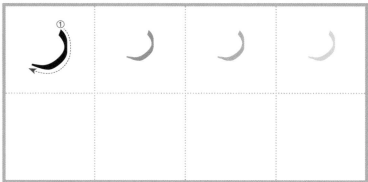 ر raa 는 [ㄹ, r] 발음이 나는 알파벳입니다. 발음을 할 때 혀가 알파벳 모양처럼 구부러진다고 연상해 주세요.

🔊 Track 01-26

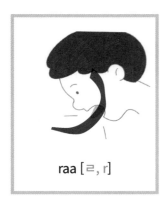

raa [ㄹ, r]

㉗ ز zaay 는 [ㅈ, z] 발음이 나는 알파벳입니다. 영어 알파벳 'j(제이)'와 비슷하게 생겼죠? '자이-제이', 연결해서 암기합시다.

🔊 Track 01-27

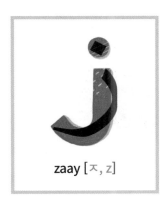

zaay [ㅈ, z]

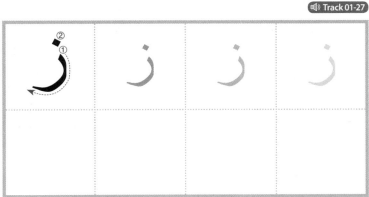

㉘ و 와우 는 [우, w] 발음이 나는 알파벳입니다. 그림과 같이 한글 '우(w)' 발음이 난다고 생각하면 쉬워요.

🔊 Track 01-28

와우 [우, w]

아랍의 식문화

▲ 아랍의 한상차림

▲ 크나페(디저트)

مَرْحَبًا!
마르하반!

　외국인들과 함께 시간을 보낼 때 가장 신경 쓰이는 부분은 같이 식사를 하는 자리가 아닐까 싶습니다. 어떤 메뉴를 선택할지, 어느 장소·어느 시간대에 식사를 하는 것이 좋은지, 그리고 우리와 다른 식문화는 없는지 고민을 하게 되는데요. 오늘은 아랍인들에게 초대를 받거나 아랍인들을 초대할 때, 식사 자리에서 알아 두면 유용한 아랍의 식문화를 소개하려고 합니다.

　아랍의 식문화에서 가장 중요한 부분은 '허용된 것'을 의미하는 '할랄 حَلَال'과 '금지'를 의미하는 '하람 حَرَام'입니다. 아랍인들은 대부분 이슬람교를 믿기 때문에 이슬람법을 따라 돼지고기와 술을 먹지 않습니다. 국가나 지역, 종파에 따라 비늘이 없는 생선류를 섭취하지 않는 경우도 있지만, 공통적으로는 술과 돼지고기를 먹지 않습니다. 그리고 돼지고기를 제외한 고기라도 이슬람교의 방법으로 도축된 '할랄 인증'을 받은 고기만 먹습니다.

보통 할랄 인증은 고기에만 국한된 줄 아는 분들이 많습니다. 하지만 고기 외에도 생각보다 많은 음식에 할랄 인증이 필요합니다. 아랍에서 생활하던 어느 날, 마트에 간식을 사러 간 적이 있었는데 제가 좋아하는 과자와 라면을 고르던 중 포장지에 모두 할랄 표시가 붙어 있는 것을 발견했습니다. 언뜻 생각했을 때 '돼지고기도 아닌 이 음식에 할랄 표시는 왜 붙어 있는 거지?'라며 궁금해 했는데, 과자를 튀길 때 동물성 기름을 사용하지는 않았는지, 그 기름으로 사용되는 동물은 할랄 인증을 받은 것인지, 라면 스프의 소고기 가루는 할랄 인증을 받은 소고기로 만든 것인지 등을 알려 주는 표시였습니다.

▲ 할랄 사인

한국에 아랍 손님들이 오거나 아랍 친구들이 오면 식사를 대접하고 싶을 때가 많지만, 이태원을 제외하고는 할랄 식당이 많지 않아 거의 산채비빔밥과 버섯비빔밥을 대접하는 경우가 대부분입니다. 아무리 비싸고 멋진 식당이라도 할랄 인증을 받지 않은 식당이라면 고기든 육수든 볶은 음식이든, 무슬림들은 하나도 먹을 수가 없습니다. 그래서 메뉴를 고를 땐 당연히 돼지고기를 제외해야 하고, 할랄 인증을 받은 식당에 가는 것이 좋습니다. 이 모든 게 여의치 않다면, 해산물이나 채소를 먹을 수 있는 식당으로 가는 것이 즐거운 식사를 위한 팁이랍니다.

그리고 아랍인들은 저녁 식사를 늦게 시작하여 오랜 시간 먹습니다. 저녁 7시 30분 이후에 식사를 하는 경우가 많으며, 8시 30분이나 9시에 식사를 하는 사람들도 꽤 있습니다. 식사 시간 또한 길어서 대화를 하며 천천히 먹는 습관이 있는데, 이는 날씨의 영향이 큽니다. 상대적으로 고온 건조한 아랍 국가들은 해가 져야 시원해지기 때문에 비교적 늦은 시간에, 천천히 저녁 식사를 하면서 지인들과 많은 시간을 보낸답니다.

우리와 많은 부분이 달라서 그런지 아랍의 식문화가 신선하면서도 재미있게 느껴지지 않나요? 아랍인들과 식사를 해 보는 그날까지, 열심히 아랍어를 배워 봅시다!

이젠 식사 자리에서 실수할 일 없겠죠?

PART
2

어두형·어중형·어말형 연습하기

아랍어 알파벳 독립형을 다 외웠으니, 이제 연결해서 쓰는 법을
함께 공부해 볼까요?

어두형 · 어중형 · 어말형 연습하기

독립형에 어느 정도 익숙해졌나요? 이제 어두형·어중형·어말형을 연습해 봅시다. 단어 내 위치에 따라서 알파벳 모양이 조금씩 달라지니까 주의하면서 써 보세요. 🔊 Track Part 02

🔊 Track 02-01

어말형		어중형		어두형	독립형
بـ	ـبـ	ـبـ		بـ	ب
		단어 맛보기			
حَبِيب		كَبِير		بَابَا	바 [ㅂ, b]
[하빕:]		[카비:르]		[바:바:]	
연인		큰		아빠	

어두형 뒤에 다른 알파벳이 와야 하니 바구니의 문을 열고 점만 찍어 주면 됩니다. 점은 아래쪽에 찍어야 한다는 것, 기억해 주세요.

앞과 뒤에 모두 다른 알파벳이 와야 하니 바구니의 앞문과 뒷문을 열고, 점을 찍어 주세요.

ﻨ   ﻨ   ﻨ
② ①

어말형   뒤에 더 이상 다른 알파벳이 오지 않으므로 바구니의 문을 닫는다고 기억해 주세요.

ـب   ـب   ـب
② ①

어말형	어중형	어두형	독립형
ت	ـتـ	تـ	ت
	단어 맛보기		
أَنْتِ	أَنْتُم	تِلْكَ	타 [ㅌ, t]
[안티]	[안툼]	[틸카]	
당신(여성형)	당신들(남성형)	저것(여성형)	

어두형 뒤에 다른 알파벳이 와야 하니 바구니의 문을 열고 위에 점을 두 개 찍어 줍니다.

ﺗ ﺗ ﺗ

앞과 뒤에 모두 다른 알파벳이 와야 하니 바구니의 앞문과 뒷문을 열고, 점을 찍어 주세요.

③ ②
①

뒤에 더 이상 다른 알파벳이 오지 않으므로 바구니의 문을 닫는다고 기억해 주세요.

③ ②
①

어말형	어중형	어두형	독립형
ث	ثـ	ثـ	ث
	단어 맛보기		
حَدِيث	اِثْنَان	ثَمَن	
[하디:th]	[이th난:]	[tha만]	tha [th]
현대적인	2, 둘	가격	

어두형 뒤에 다른 알파벳이 와야 하니 바구니의 문을 열고 위에 점을 세 개 찍어 줍니다.

나의 영어사춘기 이시원 지음 ᐧ 13,500원
나의 영어사춘기 워크북 이시원 지음 ᐧ 11,500원

대한민국 영포자들의 8주 영어 완전정복 프로젝트

tvN 화제의 프로그램<나의 영어사춘기>에 공개되었던 숙제와 8주만에 왕초보 영어를 탈출할 수 있는 비법을 담았다. 스타들과 함께 공부하고 성장하는 마음으로 따라가다 보면 어느새 영어로 말을 할 수 있게 된다.

나의 영어 사춘기 100시간 이시원 지음 ᐧ 13,500원
나의 영어 사춘기 100시간 워크북
이시원 지음 ᐧ 11,500원

영어 왕초보도 말할 수 있는 100시간
기적의 영어 탈출기!

tvN 예능 프로그램《나의 영어 사춘기 100시간》에 출연한 스타들이 실제로 공부한 커리큘럼을 바탕으로 100개의 상황별 회화 표현을 담았다. 일상생활과 여행에서 만날 수 있는 100개의 상황을 엮은 책으로, 왕초보도 실전영어로 언제 어디서든 원하는 말을 할 수 있도록 구성했다.

나의 외국어 사춘기 100시간 시리즈

(일본어/중국어/스페인어) 시원스쿨연구소 지음
ᐧ 일본어/중국어/스페인어 각 13,500원

누구나 말할 수 있는 100시간 실전 회화 프로젝트!

지루한 문법 위주의 학습을 벗어나 한국인에게 맞는 외국어 말하기 학습법을 제공한다. 딱 100시간이면 왕초보도 실전에서 자연스럽게 말을 할 수 있게 된다. 100시간 투자로 영어를 넘어 제2 외국어를 정복해보자.

말하기 영문법 START/BASIC/MASTER

이시원 지음 ᐧ 15,000원

시원스쿨 말하기영문법 3권 세트

이시원 지음 ᐧ 41,000원

140만 시원스쿨 수강생이 검증한 최고의 명강의를
책으로 만나다!

말하기와 영문법을 한번에 잡는 커리큘럼으로 대한민국 영어 왕초보 탈출의 새로운 길을 열었다.또한 스타트, 베이직, 마스터로 구성되어 있어 나의 레벨에 맞게 골라서 영어 회화를 공부할 수 있다.

초보 여행 회화 시리즈

원스쿨연구소, 이시원 지음 ' 영어 11,000원

일본어/중국어/프랑스어/독일어/러시아어/베트남어/스페인어/태국어 각 9,800원

부하지 않고, 바로 찾아 말하는 한글 문장 중심의 진짜 여행 회화책!

행 시 직면할 수 있는 상황에 꼭 '필요한 표현'을 바로 찾을 수 있는 '사전'이다. 다양한 상황별로 필요한
거와 문장이 한글 중심으로 찾을 수 있게 되어 있어 급할 때 바로 찾아 말할 수 있다. 해당 언어의 발음과
장 유사하게 들리는 한글 발음을 제공한다. 책 마지막의 여행 꿀팁까지 놓치지 말자

O! 독학 첫걸음 시리즈

원스쿨연구소 지음 ' 일본어, 중국어 각 13,800원 ' 히라가나 12,800원 ' 스페인어, 독일어, 베트남어 각 15,000원
프랑스어 16,500원 ' 러시아어 문법 14,000원

계적인 커리큘럼으로 혼자서도 쉽게 독학할 수 있다GO!

보자도 혼자서 무리없이 학습할 수 있는 회화 위주의 커리큘럼으로, 일상 회화를 통해 어휘와 문법을 익힐 수
으며 스토리텔링 방식으로 더 쉽고 재미있게 학습이 가능하다. (동영상 강의 등 부가 자료 제공)

일본어 말하기 첫걸음 1 · 2 · 3

최유리, 시원스쿨일본어연구소 지음 ' 각 13,500원

따라 하다 보면 말이 되는 왕초보 맞춤 입문서

최신 개정판으로 한층 더 쉬워지고 더 새로워졌다. 한국어 중심의 일본어 말하기 학습법을 사용하여 일본어를 전혀 모르는 왕초보라도 따라하기만 하면 기본적인 말하기가 가능해진다. 또한 기본 문장 구조를 통해 원리를 터득하고 일상생활부터 일본여행 회화까지 구사할 수 있도록 반복 훈련 학습법을 구성했다.

시즈의 일본어 문법노트

시원스쿨일본어연구소 지음, 김연진 캘리그라피 ' 11,800원

따라 쓰는 것만으로 일본어가 완성된다!

'쓰기 공부'로 '일본어 문법' 완전 마스터! 일본어 최대 학습 블로거 시즈의 아기자기한 손글씨를 따라 써 보면서 재미있게 일본어를 학습할 수 있다. 한 자 한 자씩 따라 쓰다 보면 어느새 언제 어디서든 응용할 수 있는 실용적인 일본어 표현이 보이게 된다.

스피드 업! 일본어 속성문법

권현정, 시원스쿨일본어연구소 지음 ' 13,500원

중요 포인트만 쏙쏙! 빠르게 정리하는 단기 속성 문법!

핵심만 간결하게, 체계적으로 정리하여 일본어 기초 문법의 틀을 빠르게 잡을 수 있도록 구성했다. 반복적 어휘 사용과 자세하고 친절한 Tip, 그리고 철저한 복습으로 자연스럽게 암기와 응용을 할 수 있도록 하였다. 고급 단계로의 도약을 위해 일본어 문법의 전체적인 틀을 다잡을 수 있는 실용적인 학습서이다.

스고이 일본어 회화 기초편 · 성장편

김수경, 시원스쿨일본어연구소 지음 ' 각 12,800원

상황에 맞는 네이티브 회화를 재미있게 배울 수 있다!

언제든 바로 꺼내 사용할 수 있는 실용적인 표현만을 담았다. 회화 체크와 발음 클리닉, 그리고 녹음 MP3를 따라 발음하면서 일본어 회화의 기반을 다질 수 있다. 언제 어떤 상황에서 쓰는 표현인지 파악할 수 있도록 회화의 포인트를 정리하여 원어민에 가까운 회화를 구사할 수 있다.

앞과 뒤에 모두 다른 알파벳이 와야 하니 바구니의 앞문과 뒷문을 열고, 점을 찍어 주세요.

ﺗ ﺗ ﺗ

어말형 뒤에 더 이상 다른 알파벳이 오지 않으므로 바구니의 문을 닫는다고 기억해 주세요.

ﺚ ﺚ ﺚ

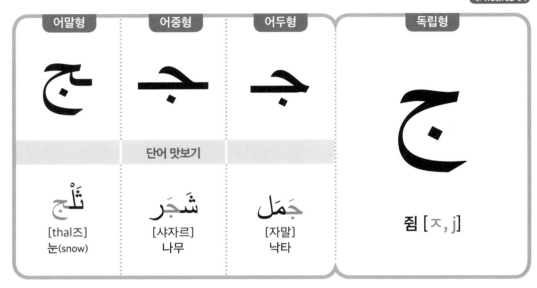

어말형	어중형	어두형	독립형
ج	جـ	جـ	ج
	단어 맛보기		찜 [ㅈ, j]
ثَلْج	شَجَر	جَمَل	
[thal즈]	[샤자르]	[자말]	
눈(snow)	나무	낙타	

어두형	왼쪽으로 배가 볼록하게 나와 있죠? 아랍어에서 볼록하게 배가 나온 알파벳은 다른 글자와 연결될 때 배를 삭제해 줍니다. 점은 아래쪽에 찍어야 한다는 것, 기억해 주세요.

| 어중형 | 앞과 뒤에 모두 다른 알파벳이 와야 하니 볼록한 배를 삭제하고 앞뒤로 다른 글자가 연결될 여지를 줍니다. 점은 다른 알파벳과 동일하게 아래쪽에 찍어 주세요. |

| 어말형 | 어말형은 최대한 원형에 가깝게 쓰면 됩니다. 뱃살이 많이 나오면 배가 밑으로 처지죠? 아랍어에서도 볼록하게 배가 나온 알파벳은 줄 밑으로 처지게 그려 줍니다. |

어말형	어중형	어두형	독립형
ح	ﺤ	ﺣ	ح

	단어 맛보기		
صَبَاح	تَحْتَ	حَجَر	haa [ㅎ, h]
[쏴바:흐]	[타흐타]	[하자르]	
아침	아래(위치)	돌	

어두형	'쥠 ج'과 마찬가지로 왼쪽으로 배가 나온 알파벳이므로 다른 글자와 연결될 때 그 볼록한 배를 삭제하고 써 주세요.

어중형	앞과 뒤에 모두 다른 알파벳이 와야 하므로 볼록한 배를 삭제하고 앞뒤로 다른 글자가 연결될 여지를 줍니다.

어말형	어말형은 최대한 원형에 가깝게 쓰면 됩니다. 아랍어에서 볼록하게 배가 나온 알파벳은 줄 밑으로 처지게 그려 줍니다.

어말형	어중형	어두형	독립형
خ	ـخـ	خـ	خ
	단어 맛보기		
وَسِخ	مُخْلِص	خَبَر	Khaa [ㅋㅎ, kh]
[와씨크]	[무클리스]	[카바르]	
더러운	신실한	소식	

➡ 람 ل이 알파벳 사이에 쓰이면 두 번 발음합니다. ex) مُخْلِص [무클리스] (O), [무크리스] (X)

어두형	'찜 ج'과 마찬가지로 왼쪽으로 배가 나온 알파벳이므로 다른 글자와 연결될 때 그 볼록한 배를 삭제하고 써 주세요. 점의 위치가 위쪽이라는 것만 잘 기억해 주세요.

어중형	앞과 뒤에 모두 다른 알파벳이 와야 하니 볼록한 배를 삭제하고 앞뒤로 다른 글자가 연결될 여지를 줍니다. 점은 위쪽에 표시해 주세요.

어말형	볼록하게 배가 나온 알파벳이므로 줄 밑으로 처지게 그려 줍니다. 뒤에 연결될 글자가 없으니 최대한 원형에 가깝게 써 주세요.

어말형	어중형	어두형	독립형
س	ـس	سـ	س
	단어 맛보기		
تِنِس	إِنْسَان	سَافَرَ	سّ [ㅆ, ss]
[티니쓰]	[인싼:]	[싸:파라]	
테니스	인간	여행하다	

어두형 오른쪽에서 왼쪽으로 영어 더블유 모양을 그리듯이 쓰세요. 어두형과 어중형에서는 볼록한 배 모양을 삭제하고 다른 글자를 연결해야 한다는 것, 기억하시죠?

سـ سـ سـ ①

양 옆으로 연결될 여지를 주고 중간에 'w' 모양을 그리듯이 쓰면 됩니다.

ﺳ   ﺳ   ﺳﺳ ①

어말형   오른쪽에서 왼쪽으로 'w' 모양을 그리듯이 쓰고, 마지막은 아래로 볼록하게 써 줍니다.

ﺲ   ﺲ   ﺲ ①

어말형	어중형	어두형	독립형
شْ	ـشـ	شـ	ش
	단어 맛보기		
اِمْشِ	مُشْتَاق	شَاي	
[임쉬]	[무슈타:끄]	[샤:이]	쉰 [ㅅ, sh]
가세요	그리워하는	차(tea)	

어두형 오른쪽에서 왼쪽으로 영어 'w' 모양을 그리듯이 쓰고, 어두형·어중형에서는 볼록한 배 모양을 삭제하고 다른 글자를 연결합니다. 위쪽에 점 세 개를 삼각형 모양으로 얹어 주세요.

어중형	양 옆으로 연결될 여지를 주고 중간에 'w' 모양을 씁니다. 위에 점 세 개를 올려 주세요.

شـ شـ شـ شـ

어말형	'씬의 어말형 ـس'과 동일하게 쓰되, 위쪽에 점 세 개만 올려 주세요.

ـش ـش ـش ـش

어말형	어중형	어두형	독립형
صــ	ـصـ	صــ	ص
	단어 맛보기		
مُتَخَصِّص	نِصْف	صِفْر	솨드/서드 [ㅅ, s]
[무타캇씩스]	[니스프]	[씩프르]	
전문적인	1/2, 30분	0, 제로	

어두형	중앙에서 시작하여 오른쪽으로 누운 물방울 모양을 써 준 다음, 끊지 않고 위로 솟은 삐침을 그립니다. 왼쪽에 다른 글자가 연결될 수 있도록 여지를 줍니다.

오른쪽에서 시작하여 오른쪽으로 누운 물방울을 그린 후, 끊지 않고 중앙에 위로 솟은 삐침을 그려 줍니다. 그리고 다시 왼쪽으로 다른 글자가 연결될 여지를 줍니다.

어말형 위의 어중형과 같은 방식으로 쓰고, 뒤에 더 이상 다른 알파벳이 오지 않도록 최대한 원형을 살려서 씁니다. 볼록한 배는 줄 밑으로 처지게 써 주세요.

🔊 Track 02-10

어말형	어중형	어두형	독립형
ض	ـضـ	ضـ	ض
	단어 맛보기		
أَبْيَض	أَخْضَر	ضَيْف	돠드/더드 [ㄷ, d]
[아브야드]	[아크돠르]	[돠이프]	
흰색	초록색	손님	

어두형   '쏴드의 어두형 ص'과 동일하게 쓰고, 위쪽에 점 하나만 더해 주면 됩니다.

어중형	'쏴드의 어중형 ‸‸'과 동일하게 쓰고, 위쪽에 점 하나만 더해 주면 됩니다.

ضـ   ضـ   ضـ

어말형	어중형과 같은 방식으로 쓰고, 뒤에 더 이상 다른 알파벳이 오지 않도록 최대한 원형을 살려줍니다. 볼록한 배는 줄 밑으로 처지게 쓴 후 점을 하나 더해 주세요.

ـض   ـض   ـض

어말형	어중형	어두형	독립형
ط	ط	ط	ط
	단어 맛보기		
وَسَط	خَطَر	طَالِب	
[와싸뜨]	[카뽜르]	[딸·립]	따 [ㄸ, t]
중앙, 중심	위험	학생	

어두형 누운 물방울을 먼저 그리고, 위에서 아래로 획을 그어 줍니다. 뒤에 다른 글자가 연결되도록 여지를 남겨 주는 것, 잊지 마세요!

앞과 뒤에 모두 다른 알파벳이 와야 하므로 알파벳의 앞문과 뒷문을 열고, 어두형과 비슷하게 써 줍니다.

알파벳의 뒷문을 닫고 최대한 원형과 비슷하게 써 줍니다.

어말형	어중형	어두형	독립형

단어 맛보기

حَفِظَ	عَظِيم	ظُهْر	좌/좌 [ㄷㅈ, dz]
[하피돠/하피좌] 지키다, 암기하다	[아딤:/아짐:] 위대한	[두흐르/주흐르] 정오	

어두형 '똬의 어두형 ﻁ'과 동일하게 쓴 후, 위쪽에 점을 하나 더해 줍니다.

앞과 뒤에 모두 다른 알파벳이 와야 하므로 알파벳의 앞문과 뒷문을 열고, 어두형과 비슷하게 써 줍니다. 위쪽에 점 찍는 것, 기억해 주세요.

알파벳의 뒷문을 닫고 최대한 원형과 비슷하게 써 줍니다. 역시 위에 점을 찍어 줍니다.

어말형	어중형	어두형	독립형
ح	ـع	ع	ع
	단어 맛보기		
جَامِع	تَعَالْ	عَرَب	아인 [ㅇ, ʿ]
[좌:미으]	[타알:]	[아랍]	
이슬람 사원	오세요	아랍 사람들	

어두형	좌우 반전된 숫자 '2'를 그린다고 생각합니다. 아래로 볼록한 알파벳이므로 볼록한 부분을 삭제하고 써 주세요.

앞과 뒤에 모두 다른 알파벳이 와야 하므로 글자 윗부분의 앞문과 뒷문을 열고 써 줍니다. 중간 부분을 색칠할 필요는 없고, 그냥 뒤집어진 삼각형 모양을 그려 주면 됩니다.

어말형 위의 어중형과 동일하게 앞쪽과 연결하면서 뒤집어진 삼각형 모양을 그려 주고, 최대한 원형을 유지하기 위해 볼록한 모양도 줄 밑으로 처지게 써 줍니다.

어말형	어중형	어두형	독립형
غ	غـ	غـ	
	단어 맛보기		غ
فَارِغ	رَغِبَ	غَرْب	가인 [ㄱㅎ, gh]
[파:리그]	[라긔바]	[가릅]	
(텅) 빈	~을 바라다	서쪽	

어두형	'아인의 어두형 ـع'을 쓰고, 위에 점을 하나 찍어 줍니다. 아래로 볼록한 알파벳이므로 어두형에 서는 볼록한 부분을 삭제하고 뒤에 다른 글자가 연결될 여지를 줍니다.

'아인의 어중형 ㅗ'과 동일하게 쓰고, 위에 점을 하나 찍어 주세요.

어중형과 동일하게 앞쪽과 연결하면서 삼각형 모양을 그려 주고, 최대한 원형을 유지하기 위해 볼록한 모양도 줄 밑으로 처지게 써 줍니다. 위쪽에 점 찍는 것, 잊지 마세요!

어말형	어중형	어두형	독립형
ف	ف	ف	ف
	단어 맛보기		
صَيْف	دَفْتَر	فَاكْس	파 [ㅍ, f]
[쏴이프]	[다프타르]	[팍:쓰]	
여름	공책	팩스, fax	

어두형 누운 'P' 모양을 그리면서 뒤에 연결될 여지를 줍니다. 위에 점을 찍어 줍니다.

앞과 뒤에 모두 다른 알파벳이 와야 하니 앞문과 뒷문을 열고, 점을 찍어 주세요.

ﻔ   ﻔ   ﻔ   ﻔ

뒤에 더 이상 다른 알파벳이 오지 않으므로 알파벳의 문을 닫는다고 기억해 주세요.

ﻒ   ﻒ   ﻒ   ﻒ

어말형	어중형	어두형	독립형
ق	قـ	قـ	ق
	단어 맛보기		
نَطَقَ	بَقِيَ	قَصْر	까프 [ㄲ, q]
[나딲까]	[바끼야]	[까스르]	
발음하다	남다, 머물다	궁	

어두형 목이 짧은 숫자 9를 그리면서 뒤에 다른 글자가 연결될 여지를 줍니다. 위에 점을 2개 찍어 줍니다.

앞과 뒤에 모두 다른 알파벳이 와야 하니 앞문과 뒷문을 열고, 위에 점을 2개 찍어 주세요.

ﻘ   ﻘ   ﻘ   ﻘ

어말형 뒤에 더 이상 다른 알파벳이 오지 않으므로 알파벳의 원형을 최대한 살려서 써 주세요. 밑으로 살짝 볼록하니까 줄에 살짝 걸쳐서 그려 주고, 위쪽에 점 2개도 찍어 줍니다.

ﻖ   ﻖ   ﻖ   ﻖ

어말형	어중형	어두형	독립형
ك	كـ	كـ	ك
	단어 맛보기		
سَمَك	تَاكْسِي	كِتَاب	카프 [ㅋ, k]
[싸마크] 생선	[탁:씨:] 택시	[키탑:] 책	

어두형 각진 'S' 모양을 그리면서 뒤에 연결될 여지를 표현해 줍니다. 밑부분은 일직선으로 그립니다.

| 어중형 | 어두형과 동일하게 그리되, 앞뒤로 다른 글자가 연결될 여지를 줍니다. 한 획에 쓰기 힘들기 때문에 두 획으로 나눠서 써도 됩니다. |

| 어말형 | 뒤에 더 이상 다른 글자가 오지 않으므로 앞에 연결될 여지만 주고, 알파벳의 원형을 최대한 살려서 써 주세요. |

어말형	어중형	어두형	독립형
ـل	ـلـ	لـ	ل
	단어 맛보기		
فَصْل	خَلْفَ	لَبَن	람 [ㄹ, l]
[파슬]	[칼파]	[라반]	
교실, 계절	뒤	요거트	

어두형 좌우 반전된 영어 알파벳 'L' 모양을 그립니다.

어중형 앞과 뒤에 모두 다른 알파벳이 와야 하니 앞문과 뒷문을 열고 써 줍니다.

어말형 뒤에 더 이상 다른 알파벳이 오지 않으므로 앞에 다른 글자가 연결될 여지를 주고, 원형을 살려 서 써 주세요. 이 알파벳은 줄에 약간만 걸쳐서 쓰면 됩니다.

어말형	어중형	어두형	독립형
ـم	ـمـ	مـ	م
	단어 맛보기		
مُسْلِم	حَمَلَ	مَاذَا	밈 [ㅁ, m]
[무쓸림]	[하말라]	[마:다:]	
무슬림	나르다, 운반하다	무엇(의문사)	

어두형 아래에서 시작해서 위로 각진 동그라미를 그리면서 왼쪽으로 연결될 여지를 줍니다.

어중형 두 획에 나눠서 써 줍니다. 어두형과 같은 방식으로 그려 주고, 양 옆으로 연결될 여지를 줍니다.

어말형 뒤에 더 이상 다른 알파벳이 오지 않으므로 앞에만 연결될 여지를 주고 최대한 원형을 살려서 써 줍니다.

어말형	어중형	어두형	독립형
ـن	ـنـ	نـ	ن

	단어 맛보기		
يَمِين [야민:] 오른쪽	أَنْف [안프] 코	نَحْنُ [나흐누] 우리	눈 [ㄴ, n]

어두형 맨 처음 배운 '바의 어두형 ﺑ'처럼 바구니를 그려 주되, 점은 위에 찍습니다.
Part1에서 다룬 '눈 ن'과 '바 ﺑ' 구별법 기억하시죠? 우리 몸을 생각하면서 점이 위에 붙으면
'눈(eye) → 눈 ن', 점이 아래에 붙으면 '배 → 바 ﺑ', 잊지 마세요!

앞과 뒤에 모두 다른 알파벳이 와야 하니 바구니의 앞문과 뒷문을 열고, 위쪽에 점을 찍어 주세요.

ﻨ ﻨ ﻨ

어말형 뒤에 더 이상 다른 알파벳이 오지 않으므로 앞에만 연결될 여지를 주고, 나머지 부분은 원형 그대로 표현합니다. 이 알파벳은 줄에 약간 걸쳐서 써 주세요.

ﻦ ﻦ ﻦ

어말형	어중형	어두형	독립형
ـه	ـهـ	هـ	ه

단어 맛보기

وَجْه	نَهْر	هَذَا	하 [ㅎ, h]
[와즈흐]	[나흐르]	[하:다:]	
얼굴	강	이것(남성형)	

➡ 어두형 맛보기 단어 [하:다:]의 '하'는 장음 표시가 없어도 길게 발음합니다. 이는 아랍인들의 습관이니 유의해 주세요!

어두형 원형인 동그라미 모양을 그리다가 왼쪽으로 연결될 여지를 줍니다.

오른쪽에서 시작해서 숫자 '8'을 그리고 왼쪽으로 연결될 여지를 줍니다.

오른쪽에서 시작해서 최대한 원형과 비슷하게 써 줍니다.

어말형	어중형	어두형	독립형
ي	ـيـ	يـ	ي
	단어 맛보기		
حَوَالَي	كَيْفَ	يَسَار	
[하왈:라이]	[카이파]	[야싸:르]	야 [y]
대략	어떻게(의문사)	왼쪽	

어두형	오리 모양을 연상하면서 'S'와 비슷하게 그려 주시고, 점을 아래에 2개 찍어 줍니다. 점이 위에 2개 찍히는 '타의 어두형 تـ'과 많이 헷갈리므로 '오리발이 아래에 있다'고 기억해 주세요.

앞과 뒤에 모두 알파벳이 와야 하니, 앞문과 뒷문을 열고 점을 아래에 2개 찍어 주세요.

뒤에 더 이상 다른 알파벳이 오지 않으므로 최대한 원형 그대로 씁니다. 오리 엉덩이 부분을 다 그려 준다고 생각하세요.

어말형	어중형	어두형	독립형
أ	ـأ	ـأ	أ

단어 맛보기

خَطَأ	تَأَخَّرَ	أَنْتَ	
[카따으]	[타악카라]	[안타]	알리프 함자 [아, ʻ]
잘못, 실수	지각하다, 지체하다	당신(남성형)	

➡ 어두형, 어중형의 'ـ'모양은 다른 글자를 바로 이을 수 없다는 표시입니다. 실제 단어나 문장에서는 쓰지 않으니 참고해 주세요.

어두형 일자로 직선을 써 주고 그 위에 소문자 's'를 그립니다. 뒤에 바로 다른 글자를 연결할 수 없는 알파벳이므로 뒤쪽에 연결해서 쓸 필요가 없어요.

| 어중형 | 어두형과 동일하게 쓰되, 앞에 다른 글자를 연결할 수 있으므로 여지를 주세요. 뒤쪽에 다른 글자를 연결할 수 없다는 것, 기억해 주세요. |

$أ$ $أ$ $أ$②
①

| 어말형 | 뒤에 더 이상 다른 알파벳이 오지 않으므로 앞만 연결한 상태로 원형을 살려서 써 줍니다. |

$أ$ $أ$ $أ$②
①

어말형	어중형	어두형	독립형
د	ـد	د	ﺩ
	단어 맛보기		
مُفِيد	حَادِث	دَرَسَ	달 [ㄷ, d]
[무피:드]	[하:디th]	[다라싸]	
유익한	사고, 사건	공부하다	

➡ 어두형, 어중형의 '–'모양은 다른 글자를 바로 이을 수 없다는 표시입니다. 실제 단어나 문장에서는 쓰지 않으니 참고해 주세요.

어두형	조그마한 달 모양을 그려 줍니다. '알리프 함자 أ'와 마찬가지로 뒤에 바로 다른 글자를 연결할 수 없는 알파벳입니다.

어두형과 동일하게 씁니다. 앞에 다른 글자를 연결할 수 있고, 뒤에는 연결이 불가능하다는 것, 기억해 주세요.

①

어말형 뒤에 더 이상 다른 알파벳이 오지 않으므로 앞쪽만 연결한 상태로 원형을 살려서 써 줍니다.

①

어말형	어중형	어두형	독립형
ذ	ـذـ	ذـ	ذ

단어 맛보기

لَذِيذ	بَذَل	ذَاكَرَ	dhaal [ㄷ, dh]
[라디:드]	[바달라]	[돠:카라]	
맛있는	바치다, (노력을) 기울이다	외우다, 복습하다	

➡ 어두형, 어중형의 '–'모양은 다른 글자를 바로 이을 수 없다는 표시입니다. 실제 단어나 문장에서는 쓰지 않으니 참고해 주세요.

어두형	조그마한 달 모양을 그리고, 그 위에 점을 찍습니다. 뒤에 바로 다른 글자를 연결할 수 없는 알파벳입니다.

어두형과 동일하게 씁니다. '눈의 어중형 ﻋ'과 비슷해서 많이 헷갈리는데, '눈 ﻋ'은 앞뒤로 다른 글자가 연결되고 이 알파벳은 바로 뒤에 글자가 오지 않는다는 것을 기억해 주세요.

뒤에 더 이상 다른 알파벳이 오지 않으므로 앞만 연결한 상태로 원형을 살려서 써 줍니다.

어말형	어중형	어두형	독립형
ﺮ	ـﺮـ	ـﺮ	ﺭ

단어 맛보기

كَثِير	مُرُور	رَجُل	raa [ㄹ, r]
[카thi:르]	[무루:르]	[라줄]	
많은	통행, 통과	남자	

➡ 어두형, 어중형의 '‒'모양은 다른 글자를 바로 이을 수 없다는 표시입니다. 실제 단어나 문장에서는 쓰지 않으니 참고해 주세요.

어두형 줄 중간에 걸쳐서 곡선이 살아 있는 삐침을 씁니다. 뒤에 바로 다른 글자를 연결할 수 없는 알파벳입니다.

어두형과 동일하게 씁니다. 앞에 다른 글자를 연결할 수 있고, 뒤에는 연결할 수 없다는 것을 기억해 주세요. 줄 중간에 걸쳐서 써야 '달의 어중형 ㅗ'과 헷갈리지 않습니다.

어말형 뒤에 더 이상 다른 알파벳이 오지 않으므로 앞만 연결한 상태로 원형을 살려서 써 줍니다.

어말형	어중형	어두형	독립형
ـز	ـزـ	زـ	ز

단어 맛보기

مُمْتَاز	تِلِفِزِيُون	زَمَان	
[뭄타:즈]	[틸리피지윤:]	[자만:]	zaay [ㅈ, z]
훌륭한	TV	때, 시간, 시기	

➡ 어두형, 어중형의 '‒'모양은 다른 글자를 바로 이을 수 없다는 표시입니다. 실제 단어나 문장에서는 쓰지 않으니 참고해 주세요.

어두형 줄 중간에 걸쳐서 영어 알파벳 'j'를 쓴다는 느낌으로 곡선이 살아 있는 삐침을 그립니다. 그 위에 점을 찍어 줍니다.

어중형 어두형과 동일하게 씁니다. 앞에만 다른 글자를 연결할 수 있고, 뒤에는 연결할 수 없다는 것을 기억해 주세요.

ـزـ   ـزـ   ـز

어말형 뒤에 더 이상 다른 알파벳이 오지 않으므로 앞만 연결한 상태로 원형을 살려서 써 줍니다.

ـز   ـز   ـز

어말형	어중형	어두형	독립형
و	ـو ـ	و ـ	و
	단어 맛보기		
مَايُو	نُور	وَاحِد	와우 [우, w]
[마:유:]	[누:르]	[와:힏]	
5월	빛	1, 하나	

➡ 어두형, 어중형의 'ـ'모양은 다른 글자를 바로 이을 수 없다는 표시입니다. 실제 단어나 문장에서는 쓰지 않으니 참고해 주세요.

어두형 동그라미를 그리고 이어서 곡선이 살아 있는 삐침을 그립니다. 줄 중간에 걸쳐서 씁니다.

어두형과 동일하게 그리되, 앞에 다른 글자를 연결할 여지를 줍니다. 줄 중간에 걸쳐서 쓴다는 점 기억해 주세요.

- و - و - و ①

어말형 뒤에 더 이상 다른 알파벳이 오지 않으므로 앞만 연결한 상태로 원형을 살려서 써 줍니다.

و و و ①

음료를 통한 환대 문화

▲ 차를 마시는 아랍인들

▲ 홍차와 대추야자

마르하반!

오늘은 아랍의 '환대 문화'에 대해 알아보도록 하겠습니다. 아랍인의 여러 풍속 중에서 현재까지 이어지며 중요하게 여겨지는 것은 손님을 정성스레 맞이하는 '환대 문화'입니다. 고요한 사막을 돌아다니며 유목 생활을 했던 아랍인들은 이웃도, 친구도, 손님도 만날 기회가 적었기 때문에 자신을 방문해 준 사람들을 귀하게 생각하는 전통이 있습니다. 이 환대의 정신은 아랍인들이 자주 쓰는 인사말에도 담겨 있습니다.

아랍인이 가장 흔하게 사용하는 '환영합니다'라는 뜻의 인사말 '아흘란 와싸흘란 أَهْلًا وسَهْلًا'은 당신은 '평원(سَهْل)을 밟았고, 가족(أَهْل)을 만난 겁니다.'라는 의미입니다. 또 '안녕하세요'라는 의미의 인사말 '마르하반 مَرْحَبًا' 또한 '평원을 찾으시니 반갑습니다.'라는 뜻입니다. 우리도 귀한 손님이나 친한 친구가 집을 방문하면 '먼 길 오느라 수고했어요, 당신 집처럼 편하게 계세요'라고 말하면서 가족처럼 반겨 주죠? 아랍에서도 이와 비슷하게 인사하는 것이라 생각하면 됩니다.

인사 후에 하는 가장 기본적인 환대 표시는 커피를 대접하는 것입니다. 목마르고 피곤한 사막에서 커피와 홍차 같은 음료 한 잔은 굉장히 큰 의미가 있었겠지요? 그래서인지 오늘날까지도 아랍인들은 커피와 홍차를 즐겨 마십니다. 술을 마시는 문화가 없기 때문에 우리나라에서는 당연한 회식 문화가 아랍에는 없고, 대신 일과 중에 또는 식사 후에 차와

▲ 사막의 커피

커피를 많이 마십니다. 손님이 원하는 만큼 커피를 제공하며, 대접하는 사람은 손님의 잔이 비지 않도록 계속 커피를 채워 줍니다. 그만 마시고 싶을 때에는 컵을 좌우로 흔든 후 되돌려주는 표시를 하면 됩니다. 커피 잔을 왼손으로 받으면 안 되며 빈 잔을 바닥에 놓거나 엎어서도 안 되니, 이 점은 꼭 주의해 주세요.

아랍 커피는 생원두 맛이 많이 납니다. 그래서 신맛과 쓴맛이 강한 전통 커피를 마실 때 달달한 간식을 곁들이는 편인데, 가장 일반적인 것은 '타므르 تَمْر(대추야자)'입니다. 제가 참 좋아하는 아랍 과일이기도 하지요. 영어로 'date'라고도 하는 이 달달한 대추야자는, 아침 식사로도 많이 먹고 디저트로도 많이 먹습니다. 그리고 금식의 달인 라마단 기간에도 일과 중에 했던 금식을 마치고 첫 음식으로 대추야자를 먹습니다. 쌉쌀하고 산미가 있는 아랍 전통 커피와 달콤한 대추야자를 함께 먹으면, 맛이 잘 어울리기도 하고 순간적으로 힘이 난답니다. 지금도 대추야자를 곁들인 커피를 마시며 글을 쓰고 있는데, 이 글을 읽고 계신 여러분들도 꼭 한번씩 들어 보셨으면 좋겠습니다.

아랍어를 공부하시는 여러분께서 곧 아랍인과 이런 환대의 자리를 가지실 수 있기를 바랍니다. 환대의 시간에 커피와 대추야자를 드시면서 서로 친구가 되고 이야기를 나눈다면 <아라비안나이트>에 나오는 이야기꽃처럼 여러 가지 재미있는 이야기들이 아름답게 피어나리라 생각합니다.

아랍의 환대 문화, 조금 익숙해지셨나요?

PART
3

단어와 문장으로 마무리하기

아랍어 알파벳이 어느 정도 익숙해지셨죠? 이제 단어와 문장 속에서 내가 공부한 알파벳이 어떻게 활용되는지 살펴봅시다.

PART 03

단어와 문장으로 마무리하기

이제 알파벳의 독립형·어두형·어중형·어말형이 눈에 잘 들어오나요? 이번에는 단어와 문장에서 알파벳이 어떻게 쓰였는지 찾아 보면서 아랍어 알파벳을 내 것으로 만들어 봅시다.

✏️ **ب** 바를 활용한 단어를 읽으면서 써 보세요. 🔊 Track 03-01-01

بَابَا

[바:바:] 아빠

كَبِير

[카비:르] 큰

حَبِيب

[하빕:] 연인

✏️ **ب** 바를 활용한 문장을 읽으면서 써 보세요. 🔊 Track 03-01-02

مَرْحَبًا.

[마르하반] 안녕하세요.

مَرْحَبًا.

✏️ ت타를 활용한 단어를 읽으면서 써 보세요. 🔊 Track 03-02-01

تِلْكَ

[틸카] 저것(여성형)

أَنْتُمْ

[안툼] 당신들(남성형)

أَنْتِ

[안티] 당신(여성형)

✏️ ت타를 활용한 문장을 읽으면서 써 보세요. 🔊 Track 03-02-02

لَوْ سَمَحْتَ.

[라우 싸마흐타] (남자에게) 실례합니다.

لَوْ سَمَحْتَ.

ثَمَن

[tha만] 가격

إِثْنَان

[이th난:] 2, 둘

حَدِيث

[하디:th] 현대적인

ث tha 를 활용한 문장을 읽으면서 써 보세요. 🔊 Track 03-03-02

كَمْ ثَمَنُ هَذَا؟

[캄 tha마누 하:다:] 이것 얼마인가요?

كَمْ ثَمَنُ هَذَا؟

✐ ح 짐을 활용한 단어를 읽으면서 써 보세요. 🔊 Track 03-04-01

جَمَل

[자말] 낙타

شَجَر

[샤자르] 나무

ثَلْج

[thal즈] 눈(snow)

✐ ح 짐을 활용한 문장을 읽으면서 써 보세요. 🔊 Track 03-04-02

عَجِيب !

[아집:] 놀랄 만한, 놀라워!

عَجِيب !

ح haa를 활용한 단어를 읽으면서 써 보세요. 🔊 Track 03-05-01

حَجَر

[하자르] 돌

تَحْتَ

[타흐타] 아래(위치)

صَبَاح

[쏘바:흐] 아침

ح haa를 활용한 문장을 읽으면서 써 보세요. 🔊 Track 03-05-02

صَبَاحَ الْخَيْرِ.

[사바:할 카이리] 좋은 아침입니다.

صَبَاحَ الْخَيْرِ.

✒ خ Khaa를 활용한 단어를 읽으면서 써 보세요. 🔊 Track 03-06-01

خَبَر

[카바르] 소식

مُخْلِص

[무클리스] 신실한

وَسِخ

[와씨크] 더러운

✒ خ Khaa를 활용한 문장을 읽으면서 써 보세요. 🔊 Track 03-06-02

اُدْخُل.

[우드쿨] 들어가, 들어와.

اُدْخُل.

✎ ﺱ 씬을 활용한 단어를 읽으면서 써 보세요. 🔊 Track 03-07-01

سَافَرَ

[싸:파라] 여행하다

إِنْسَان

[인싼:] 인간

تِنِس

[티니쓰] 테니스

✎ ﺱ 씬을 활용한 문장을 읽으면서 써 보세요. 🔊 Track 03-07-02

أَنَا سَعِيد.

[아나: 싸이:드] 저는 행복합니다.

أَنَا سَعِيد.

✍ ش 쉰을 활용한 단어를 읽으면서 써 보세요. 🔊 Track 03-08-01

شَاي

[샤:이] 차(tea)

مُشْتَاق

[무슈타:끄] 그리워하는

اِمْشِ

[임쉬] 가세요

✍ ش 쉰을 활용한 문장을 읽으면서 써 보세요. 🔊 Track 03-08-02

شُكْرًا.

[슈크란] 감사합니다.

شُكْرًا.

✎ ‫ص‬‫ص‬ 솨드/서드를 활용한 단어를 읽으면서 써 보세요. 🔊 Track 03-09-01

‫صِفْر‬

[식프르] 0, 제로

‫نِصْف‬

[니스프] 1/2, 30분

‫مُتَخَصِّص‬

[무타캇싀스] 전문적인

✎ ‫ص‬‫ص‬ 솨드/서드를 활용한 문장을 읽으면서 써 보세요. 🔊 Track 03-09-02

‫صَحِيح.‬

[솨히:흐] 옳은, 참된, 옳습니다(동의표현)

‫صَحِيح.‬

ضَيْف

[돠이프] 손님

أَخْضَر

[아크돠르] 초록색

أَبْيَض

[아브야드] 흰색

ض 돠드/더드를 활용한 문장을 읽으면서 써 보세요. 🔊 Track 03-10-02

أَنَا مَرِيض.

[아나: 마리:드] 나는 아프다.

أَنَا مَرِيض.

✏️ **ط** 따를 활용한 단어를 읽으면서 써 보세요. 🔊 Track 03-11-01

طَالِب

[딸·립] 학생

خَطَر

[카따르] 위험

وَسَط

[와싸뜨] 중앙, 중심

✏️ **ط** 따를 활용한 문장을 읽으면서 써 보세요. 🔊 Track 03-11-02

أَنَا عَطْشَان.

[아나: 아뜨샨:] 나는 목마르다.

أَنَا عَطْشَان.

ظ 돠/좌를 활용한 단어를 읽으면서 써 보세요. 🔊 Track 03-12-01

ظُهْر

[두흐르/주흐르] 정오

عَظِيم

[아딤:/아짐:] 위대한

حَفِظَ

[하피돠/하피좌] 지키다, 암기하다

ظ 돠/좌를 활용한 문장을 읽으면서 써 보세요. 🔊 Track 03-12-02

أُنَظِّفُ غُرْفَتِي.

[우낟디푸 구르파티:] 나는 내 방 청소를 한다.

أُنَظِّفُ غُرْفَتِي.

✐ ع 아인을 활용한 단어를 읽으면서 써 보세요. 🔊 Track 03-13-01

عَرَب

[아랍] 아랍 사람들

تَعَال

[타알:] 오세요

جَامِع

[좌:미으] 이슬람 사원

✐ ع 아인을 활용한 문장을 읽으면서 써 보세요. 🔊 Track 03-13-02

نَعَم.

[나암] 네, 예.

نَعَم.

غ 가인을 활용한 단어를 읽으면서 써 보세요. 🔊 Track 03-14-01

غَرْب

[가릅] 서쪽

رَغِبَ

[라긔바] ~을 바라다

فَارِغ

[파:리그] (텅) 빈

غ 가인을 활용한 문장을 읽으면서 써 보세요. 🔊 Track 03-14-02

غَالٍ.

[갈:린] 비싼, 비싸요.

غَالٍ.

✐ ف 파를 활용한 단어를 읽으면서 써 보세요. 🔊 Track 03-15-01

فَاكْس

[팍:쓰] 팩스, fax

دَفْتَر

[다프타르] 공책

صَيْف

[싸이프] 여름

✐ ف 파를 활용한 문장을 읽으면서 써 보세요. 🔊 Track 03-15-02

تَفَضَّلْ.

[타팟달] 자, ~ 하세요.

تَفَضَّلْ.

✏️ **ق** 까프를 활용한 단어를 읽으면서 써 보세요. 🔊 Track 03-16-01

قَصْر

[까스르] 궁

بَقِيَ

[바끼야] 남다, 머물다

نَطَقَ

[나따까] 발음하다

✏️ **ق** 까프를 활용한 문장을 읽으면서 써 보세요. 🔊 Track 03-16-02

أَيْنَ أُقَابِلُكَ؟

[아이나 우까:빌루카] 어디서 볼래?

أَيْنَ أُقَابِلُكَ؟

✐ ك 카프를 활용한 단어를 읽으면서 써 보세요. 🔊 Track 03-17-01

كِتَاب

[키탑:] 책

تَاكْسِي

[탁:씨:] 택시

سَمَك

[싸마크] 생선

✐ ك 카프를 활용한 문장을 읽으면서 써 보세요. 🔊 Track 03-17-02

كَيْفَ الْحَالُ؟

[카이팔 할·루] 잘 지내나요?

كَيْفَ الْحَالُ؟

✏️ **ل**람을 활용한 단어를 읽으면서 써 보세요. 🔊 Track 03-18-01

لَبَن

[라반] 요거트

_____

خَلْف

[칼파] 뒤

_____

فَصْل

[파슬] 교실, 계절

_____

✏️ **ل**람을 활용한 문장을 읽으면서 써 보세요. 🔊 Track 03-18-02

مَا عَمَلُكَ؟

[마: 아말루카] 당신의 직업은 무엇입니까?

مَا عَمَلُكَ؟

_____

_____

_____

밈을 활용한 단어를 읽으면서 써 보세요. Track 03-19-01

مَاذَا

[마:다:] 무엇(의문사)

حَمَلَ

[하말라] 나르다, 운반하다

مُسْلِم

[무쓸림] 무슬림

밈을 활용한 문장을 읽으면서 써 보세요. Track 03-19-02

مَا اسْمُكَ؟

[마쓰무카(마: 이쓰무카)] 당신의 이름은 무엇입니까?

مَا اسْمُكَ؟

✎ ن 눈을 활용한 단어를 읽으면서 써 보세요. 🔊 Track 03-20-01

نَحْنُ

[나흐누] 우리

أَنْف

[안프] 코

يَمِين

[야민ː] 오른쪽

✎ ن 눈을 활용한 문장을 읽으면서 써 보세요. 🔊 Track 03-20-02

أَعْطِنِي.

[아으띠니ː] 저에게 주세요.

أَعْطِنِي.

هَذَا

[하:다:] 이것(남성형)

نَهْر

[나흐르] 강

وَجْه

[와즈흐] 얼굴

هَذِهِ أُخْتِي.

[하:디히 우크티:] 이 분은 나의 자매입니다.

هَذِهِ أُخْتِي.

يَسَار

[야싸:르] 왼쪽

كَيْفَ

[카이파] 어떻게(의문사)

حَوَالَي

[하왈:라이] 대략

ي 야를 활용한 문장을 읽으면서 써 보세요. 🔊 Track 03-22-02

مَنْ يَتَكَلَّم؟

[만 야타칼람] 누구세요?

مَنْ يَتَكَلَّم؟

✎ أ 알리프 함자를 활용한 단어를 읽으면서 써 보세요. 🔊 Track 03-23-01

أَنْتَ

[안타] 당신(남성형)

تَأَخَّرَ

[타알카라] 지각하다, 지체하다

خَطَأ

[카따으] 잘못, 실수

✎ أ 알리프 함자를 활용한 문장을 읽으면서 써 보세요. 🔊 Track 03-23-02

مِنْ أَيْنَ أَنْتَ؟

[민 아이나 안타] 당신은 어디에서 왔습니까?

مِنْ أَيْنَ أَنْتَ؟

✏️ ◟달을 활용한 단어를 읽으면서 써 보세요. 🔊 Track 03-24-01

دَرَسَ

[다라싸] 공부하다

حَادِث

[하:디th] 사고, 사건

مُفِيد

[무피:드] 유익한

✏️ ◟달을 활용한 문장을 읽으면서 써 보세요. 🔊 Track 03-24-02

عِنْدِي صُدَاع.

[인디: 수다:으] 나에게 두통이 있습니다.

عِنْدِي صُدَاع.

ذ dhaal을 활용한 단어를 읽으면서 써 보세요. 🔊 Track 03-25-01

ذَاكَر

[돠:카라] 외우다, 복습하다

بَذَل

[바딸라] 바치다, (노력을) 기울이다

لَذِيذ

[라디:드] 맛있는

ذ dhaal을 활용한 문장을 읽으면서 써 보세요. 🔊 Track 03-25-02

هَذَا صَدِيقِي.

[하:다 솨디:끼:] 이 분은 제 친구입니다.

هَذَا صَدِيقِي.

✏ ☽ raa를 활용한 단어를 읽으면서 써 보세요. 🔊 Track 03-26-01

رَجُل

[롸줄] 남자

مُرُور

[무루:르] 통행, 통과

كَثِير

[카thi:르] 많은

✏ ☽ raa를 활용한 문장을 읽으면서 써 보세요. 🔊 Track 03-26-02

رَقْمُ تِلِفُونِي ~.

[라끄무 틸리푸:니:] 제 전화번호는 ~.

رَقْمُ تِلِفُونِي ~.

زَمَان

[자만:] 때, 시간, 시기

تِلِفِزيُون

[틸리피지윤:] TV

مُمْتَاز

[뭄타:즈] 훌륭한

ز zaay를 활용한 문장을 읽으면서 써 보세요. 🔊 Track 03-27-02

أَنَا حَزِين.

[아나: 하진:] 저는 슬픕니다.

أَنَا حَزِين.

✏️ **و** 와우를 활용한 단어를 읽으면서 써 보세요. 🔊 Track 03-28-01

وَاحِد

[와:힌] 1, 하나

نُور

[누:르] 빛

مَايو

[마:유:] 5월

✏️ **و** 와우를 활용한 문장을 읽으면서 써 보세요. 🔊 Track 03-28-02

بِكُلِّ سُرُور.

[비쿨리 쑤루:르] 기꺼이.

بِكُلِّ سُرُور.

아랍의 인사말

▲ 인사를 나누는 아랍인들1

▲ 인사를 나누는 아랍인들2

مَرْحَبًا!
마르하반!

오늘은 아랍어 인사말에 담긴 흥미로운 이야기를 해 드리려고 합니다. 우리가 흔히 알고 있는 아랍어 인사말은 '안녕하세요'라는 뜻의 '앗쌀라무 알라이쿰 اَلسَّلَامُ عَلَيْكُمْ'입니다. 이 문장과 관련된 문화 이야기를 들려드릴게요.

'앗(또는 알al)'은 아랍어에서 정관사(定冠詞)를 의미합니다. 우리말로 해석하면 '그'로 해석이 됩니다. 그리고 '쌀라무'는 아랍어로 '평화'라는 뜻인데 성경, 성서에 등장하는 단어인 '압살롬, 솔로몬, 샬롬' 등의 단어와 같은 어근을 가지고 있습니다. 그럼 이제 직역을 해 볼까요? '앗+쌀라무'는 '그 평화가'라는 뜻입니다. 그 다음 단어인 '알라'는 아랍어 전치사(前置詞)로 '~ 위에'라는 뜻입니다. 그리고 마지막 단어인 '쿰'은 아랍어 접미인칭대명사로 '당신들'이라는 뜻을 가지고 있습니다. 그래서 '안녕하세요'로 해석하는 '앗쌀라무 알라이쿰'을 직역하면, '그 평화가 당신들 위에 (있기를)'라는 의미가 됩니다.

혹시 여기에서 왜 인사를 당신'들'인 복수형으로 하는지 궁금하지 않으세요?

첫 번째 이유는, 아랍에서는 1:1로 대화하는 상황에서 단수를 복수로 말하면 상대방을 조금 더 존대하는 느낌을 주기 때문입니다. 두 번째 이유가 더 흥미로운데요, 예전에 무슬림(이슬람교를 믿는 사람)인 제 친구가 기도하는 모습을 본 적이 있습니다. 친구는 허리를 숙이고 오른쪽 어깨에 속삭이고, 왼쪽 어깨에도 고개를 돌려 속삭였는데, 그 이유가 궁금해

▲ 앗쌀라무 알라이쿰

서 물어봤던 적이 있습니다. 그러자 그 친구는 저에게 되묻더군요. '신실아, 너는 왜 한 명에게 인사할 때도 '앗쌀라무 알라이쿰'이라고 '쿰' 즉, 복수로 인사하는지 아니?' 그래서 저는 상대방을 조금 더 존대하는 의미가 있는 거 아니냐고 대답했죠. 그러자 그 친구는 그런 이유도 있지만 종교적인 이유도 있다고 저에게 설명을 해 주었습니다.

무슬림들은 평생 양 어깨에 착한 일을 기록하는 천사와 나쁜 일을 기록하는 천사를 각각 한 명씩 얹고 다닌다고 생각한답니다. 그래서 마지막 심판의 날에 선행과 악행을 저울에 달아서 선행이 더 많으면 천국에, 그렇지 않으면 지옥에 간다고 믿는다더군요. 때문에 기도할 때 '양 어깨에 있는 천사들에게 인사를 한 것'이라고 친구가 설명을 해 주었습니다. 같은 이유로 한 개인에게 인사를 할 때에도 사람은 한 명이지만 양 어깨에 천사가 한 명씩, 총 세 명이 있기 때문에 복수인 '쿰'을 써서 인사를 한다고 합니다. 아주 새로운 사실이죠? 오늘날에는 종교에 크게 구애받지 않고 너도나도 편안하게 '앗쌀라무 알라이쿰'이라는 문장을 쓰지만, 아랍인 중에서도 무슬림이 아닌 사람들은 이 인사말을 사용하지 않고 '마르하반 مَرْحَبًا'이라는 전통적인 표현을 쓴답니다.

의미를 하나하나 알고 나면 더 재미있어지는 아랍어! 오늘 '앗쌀라무 알라이쿰', 이 문장을 통해 아랍과 이슬람의 문화에 한 발짝 더 가까이 다가가셨기를 바랍니다.

인사말에도 재미있는 배경이 있었네요!

실력체크

✓ 다음 단어에 쓰이지 <u>않은</u> 알파벳을 고르세요.

1 حَبِيب [하빕:] 연인

① ب ② ي ③ ح ④ ث

2 دَفْتَر [다프타르] 공책

① د ② أ ③ ف ④ ت

3 سَمَك [싸마크] 생선

① م ② ج ③ س ④ ك

4 فَصْل [파슬] 교실, 계절

① ه ② ف ③ ص ④ ل

5 صَبَاح [쑈바:흐] 아침

① ح ② ب ③ ص ④ م

복잡한 줄 알았던 아랍어 알파벳, 연습해 보니 생각보다 쉽죠? 그럼 지금까지 배운 알파벳을 활용하여 아래 퀴즈를 풀어 보고, 놓친 부분은 다시 한 번 체크해 보세요.

6 حَوَالَي [하왈ː라이] 대략   ① ذ   ② ل   ③ و   ④ ح

7 مُفِيد [무피ː드] 유용한, 유익한   ① ف   ② م   ③ ط   ④ ي

8 لَذِيذ [라디ː드] 맛있는   ① ي   ② ذ   ③ ل   ④ ف

9 كَثِير [카thiː르] 많은   ① ر   ② ن   ③ ك   ④ ث

10 تِلِفِزْيُون [틸리피지윤ː] TV   ① ت   ② ز   ③ ب   ④ ن

정답   1) ④   2) ②   3) ②   4) ①   5) ④   6) ①   7) ③   8) ④   9) ②   10) ③

☑ 다음 단어에 쓰인 알파벳을 고르세요.

1

مُمْتَاز [뭄타:즈] 훌륭한

① م ② ي ③ غ ④ ل

2

مُسْلِم [무쓸림] 무슬림

① ك ② ت ③ ي ④ س

3

كِتَاب [키탑:] 책

① ن ② ث ③ ك ④ و

4

قَصْر [까스르] 궁전

① ص ② ض ③ غ ④ ف

5

جَامِع [좌:미으] 이슬람 사원

① ح ② د ③ خ ④ ج

6	عَظِيم [아딤:/아짐:] 위대한	① م ② ك ③ ط ④ غ
7	طَالِب [딸·립] 학생	① غ ② ت ③ ل ④ ث
8	أَخْضَر [아크돠르] 초록색	① و ② ل ③ س ④ خ
9	مُخْلِص [무클리스] 신실한	① ف ② أ ③ ق ④ ص
10	مُشْتَاق [무슈타:끄] 그리워하는	① ف ② ش ③ ك ④ ث

한눈에 정리하기

독립형	어두형	어중형	어말형
ب 바 [ㅂ, b]			
ت 타 [ㅌ, t]			
ث tha [th]			
ج 찜 [ㅈ, j]			
ح haa [ㅎ, h]			
خ Khaa [ㅋㅎ, kh]			
س 씬 [ㅆ, ss]			

독립형	어두형	어중형	어말형
ش 쉰 [ㅅ, sh]			
ص 쏴드/서드 [ㅅ, s]			
ض 돠드/더드 [ㄷ, d]			
ط 똬 [ㄸ, t]			
ظ 돠/좌 [ㄷㅈ, dz]			
ع 아인 [ㅇ, ʻ]			
غ 가인 [ㄱㅎ, gh]			

독립형	어두형	어중형	어말형
ف 파 [ㅍ, f]			
ق 까프 [ㄲ, q]			
ك 카프 [ㅋ, k]			
ل 람 [ㄹ, l]			
م 밈 [ㅁ, m]			
ن 눈 [ㄴ, n]			
ه 하 [ㅎ, h]			

독립형	어두형	어중형	어말형
ي 야 [y]			
أ 알리프 함자 [아, ʿ]			
د 달 [ㄷ, d]			
ذ dhaal [ㄷ, dh]			
ر raa [ㄹ, r]			
ز zaay [ㅈ, z]			
و 와우 [우, w]			

생활 속 아랍어

▲ 커피

▲ 셔벗

مَرْحَبًا!
마르하반!

이번 시간에는 아랍어의 재미있는 모습을 발견하는 시간을 가져 보도록 하겠습니다. 아랍어는 22개의 아랍 국가에서 사용하고 있고, 그 역사는 1400년 이상으로 거슬러 올라가는 중요한 언어입니다. 이슬람 문명의 언어이기도 한 아랍어는 세계에서 가장 오래된 언어 중 하나이기 때문에 영어와 스페인어 그리고 여러 유럽어에 영향을 미쳤습니다. 그럼 우리가 이미 사용하고 있는 단어들을 통해서 아랍어와 더 가까워지는 시간을 한번 가져 볼까요?

먼저 정관사 '**알 Al**'입니다. 영어나 유럽어 중에서 '알'이라는 발음이 들어가는 단어들은 대부분 아랍어 단어에서 유래되었습니다. 대표적으로는 'Alcohol(술)'이 있습니다. 옛 아랍 지역에서는 'Kohl(여성들이 화장하는 검은 가루)'이라는 단어가 있었는데 이 단어를 사용해서 현재 우리가 쓰고 있는 '알쿠흘 Al-kuhl(술)'이라는 단어가 나왔습니다. 하나 더 살펴보면 우리를 많이 괴롭히는 '수학'입니다. '대수학'을 'Algebra'라고 하는데요, 이 말은 '알자브르 Al-jabr(방정식의 이항)'라는 말과 연관이 있습니다. 과거 아랍 세계에서는 이 단어를 '접골술'이라는 의미로 사용했습니다. '접골술'에서 '재조립'이라는 의미로, '재조립'에서 '복원하다'라는 의미로 단어가 변하다가 최종적으로 '대수학'이라는 의미로 발전된 것입니다. 이 외에도 '알고리즘', '알파벳' 등의 단어처럼 '**알**'로 시작

▲ 대수학

하는 단어들은 아랍어와 깊은 연관이 있는 경우가 많습니다.

다음으로는 우리가 매일 즐기는 '커피'입니다. 아랍어로 '커피'는 '까흐와 قَهْوَة (qahwa)'라고 하는데요, 이 단어의 'q' 발음과 'h' 발음에서 지금의 '커피'라는 단어가 나왔습니다. 일본어로 커피를 '코-히-'라고 발음하는데 이 발음이 아랍어에 좀 더 가깝습니다. 그럼 커피에 넣어 먹는 '설탕'도 한번 살펴볼까요? '설탕'은 아랍어로 '쑤카르 سُكَّر(ssukar)'라고 합니다. 눈치채셨겠지만 '쑤카르'는 영어 단어인 'sugar'의 어원이 된 단어입니다. 그럼 커피와 관련된 동사 '마시다'까지 아랍어로 연결해서 한번 볼까요?

아랍어로 '마시다'는 '샤리바 شَرِبَ(shariba)'입니다. '샤리바'를 발음할 때 중요한 자음은 's, r, b'인데요. 설탕을 액체화해서 마실 수 있게 만든 '시럽 (syrup)', 묽은 얼음 아이스크림인 '셔벗 (sherbet)' 역시 모두 이 아랍어 단어인 '샤리바'에서 기원했습니다. 이 외에도 새콤한 레몬주스를 만들 수 있는 '레몬(lemon)'도 아랍어 '라이문 لَيمُون (laymun)'에서 생겨났고, 아랍어 단어 '림 ليم(lim)'에서 '라임(lime)'이라는 단어가 생겼습니다.

멀게만 느껴졌던 아랍어가 우리도 모르는 사이에 우리 생활 속 여기저기에 많이 숨어 있었죠? 이번 시간을 통해서 아랍어와 더 친해지고, 더욱더 아랍어의 매력을 느끼셨기를 바랍니다.

아랍어, 어렵지 않아요!

부록

아랍어 단어와 문장을 읽고 쓸 수 있게 되신 여러분, 축하합니다! 기초를 탄탄하게 다졌으니, 이제 한 단계 업그레이드하는 시간을 가져 볼까요? 필수단어와 필수표현으로 보다 폭넓은 지식을 쌓아 봅시다. 단어와 표현을 손으로 쓰면서 익혀 보세요!

필수단어300 🔊 Track 부록-필수단어

가족 🔊 Track 부록-필수단어-가족

أَنَا

[아나:] 나

أَب

[아브] 아버지

أُمّ

[움므] 어머니

أَخ

[아크] 형제

أُخْت

[우크트] 자매

جَدّ

[잗드] 할아버지

جَدَّة

[잗다] 할머니

زَوج

[자우즈] 남편

زَوجَة

[자우자] 아내

اِبْن
[이븐] 아들

اِبْنَة
[이브나] 딸

طِفْل
[띠플] 아기

رَأْس
[라으쓰] 머리

وَجْه
[와즈흐] 얼굴

عَيْن
[아인] 눈

أَنْف
[안프] 코

فَم
[팜] 입

أَسْنَان
[아쓰난:] 이, 치아

ذَقْن
[다끈] 턱

أُذُن

[우둔] 귀

عُنُق

[운끄] 목

كَتِف

[카티프] 어깨

بَطْن

[바뜬] 배

ظَهْر

[돠(좌)흐르] 등

خَصْر

[카스르] 허리

ذِرَاع

[디라:으] 팔

يَد

[야드] 손

رِجْل

[리즐] 다리

قَدَم

[까담] 발

فُطُور
[푸뚜·르] 아침식사

غَدَاء
[가다:(아)] 점심식사

عَشَاء
[아샤:(아)] 저녁식사

خُبْز
[쿠브즈] 빵

أُرْز
[우르즈] 쌀

خُضَار
[쿠다:르] 채소

بَطَاطِس
[바따:따쓰] 감자

سَلَطَة
[쌀라따] 샐러드

زُبْدَة
[주브다] 버터

مُرَبَّى
[무랍바:] 잼

جُبْنَة
[주브나] 치즈

لَحْم بَقَر

[라흠 바까르] 쇠고기

لَحْم خِنْزِير

[라흠 킨지:르] 돼지고기

لَحْم دَجَاج

[라흠 다자:즈] 닭고기

سَمَك

[싸마크] 생선

مِلْح

[밀흐] 소금

فُلْفُل

[풀풀] 후추, 고추

سُكَّر

[쑥카르] 설탕

خَلّ

[칼르] 식초

كَبَاب

[카밥:] 케밥(아랍 음식)

كُسْكُسِيّ

[쿠쓰쿠씨:] 쿠쓰쿠쓰(아랍 음식)

كُشَرِي

[쿠샤리:] 쿠샤리(아랍 음식)

حُمُّص

[홈무쓰] 훔무스(아랍 음식)

مَاء

[마:(아)] 물

قَهْوَة

[까흐와] 커피

حَلِيب

[할립:] 우유

عَصِير

[아씨:르] 주스

شَاي

[샤:이] 차(tea)

لَبَن

[라반] 요거트

تُفَّاحَة

[툽파:하] 사과

مَوز

[마우즈] 바나나

بُرْتُقَال

[부르투깔:] 오렌지

عِنَب

[이납] 포도

لَيمُون

[라이문:] 레몬

تَمْر

[타므르] 대추야자

رِيَاضَة

[리야:돠] 운동

سَفَر

[싸파르] 여행

قِرَاءَة

[끼라:아] 독서

مُشَاهَدَةُ الْأَفْلَام

[무샤:하다툴 아플람:] 영화감상

سِبَاحَة

[씨바:하] 수영

كُرَةُ السَّلَة

[쿠라툿 쌀라] 농구

كُرَةُ الْقَدَم

[쿠라툴 까담] 축구

رُكُوبُ الدَّرَاجَة

[루쿠:붇 다르라:자] 자전거 타기

تِنِس

[티니쓰] 테니스

تَسَلُّقُ الْجِبَال

[타쌀루꿀 지발:] 등산

أَلْعَابُ الْحَاسُوب

[알아:불 하쑵:] 컴퓨터 게임

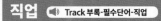 직업 🔊 Track 부록-필수단어-직업

طَالِب

[딸:립] 학생

مُعَلِّم

[무알림] 교사

أُسْتَاذ

[우쓰타:드] 교수

طَبِيب

[따빕:] 의사

مُمَرِّض

[무마르리드] 간호사

مُهَنْدِس

[무한디쓰] 기술자

مُوَظَّف

[무왈돠프] 직원

شُرْطِيّ

[슈르띠:] 경찰

طَبَّاخ

[땁바:크] 요리사

عَامِل

[아:밀] 종업원

كَاتِب

[카:팁] 작가

رَئِيس

[라이:쓰] 대통령, -장(長)

계절 🔊 Track 부록·필수단어·계절

رَبِيع

[라비:으] 봄

صَيْف

[쏴이:프] 여름

خَرِيف

[카리:프] 가을

شِتَاء

[쉬타:(아)] 겨울

قَبْلَ أَمْسِ

[까블라 암씨] 그저께

أَمْسِ

[암씨] 어제

اَلْيَوْمَ

[알야우마] 오늘

غَدًا

[가단] 내일

بَعْدَ غَدٍ

[바으다 가딘] 모레

يَوْمِيًّا

[야우미얀] 매일

صَبَاحًا

[쏴바:한] 아침(에)

ظُهْرًا

[두흐란] 정오(에), 한낮(에)

عَصْرًا

[아스란] 오후(3-6시에)

مَسَاءً

[마싸:안] 저녁(에)

لَيْلاً

[라일란] 밤(에)

قَبْلَ قَلِيل

[까블라 깔릴:] 조금 전(에)

اَلْآنَ

[알아:나] 지금

بَعْدَ قَلِيل

[바으다 깔릴:] 잠시 후(에)

مَاضٍ

[마:딘] 과거의, 지난

قَادِم

[까:딤] (다가)오는

نِصْف

[니스프] 30분, 1/2

ثُلُث

[thulth] 20분

رُبْع

[루브으] 15분

يَنَايِر
[야나:이르] 1월

فِبْرَايِر
[피브라:이르] 2월

مَارِس
[마:리쓰] 3월

أَبْرِيل
[아브릴:] 4월

مَايُو
[마:유:] 5월

يُونْيُو
[윤:유:] 6월

يُولْيُو
[율:유:] 7월

أَغُسْطُس
[아구쓰뚜쓰] 8월

سِبْتَمْبِر
[씹탐비르] 9월

أُكْتُوبِر
[우크투:비르] 10월

نُوفِمْبِر

[누:핌비르] 11월

دِيسَمْبِر

[디:쌈비르] 12월

وَاحِد

[와:힌] 1, 하나

إِثْنَان

[이th난:] 2, 둘

ثَلَاثَة

[thal라: tha] 3, 셋

أَرْبَعَة

[아르바아] 4, 넷

خَمْسَة

[캄써] 5, 다섯

سِتَّة

[씯타] 6, 여섯

سَبْعَة

[싸브아] 7, 일곱

ثَمَانِيَة

[tha마:니야] 8, 여덟

تِسْعَة
[티쓰아] 9, 아홉

عَشَرَة
[아샤라] 10, 열

مِائَة، مِئَة
[미아] 100, 백

أَلْف
[알프] 1000, 천

요일, 주(周) 🔊 Track 부록-필수단어-요일, 주(周)

يَوْم
[야움] 요일

يَوْمُ الْأَحَد
[야우물 아하드] 일요일

يَوْمُ الْإِثْنَيْن
[야우물 이th나인] 월요일

يَوْمُ الثُّلَاثَاء
[야우뭇 thul라 tha:(아)] 화요일

يَوْمُ الْأَرْبِعَاء
[야우물 아르비아:(아)] 수요일

يَوْمُ الْخَمِيس
[야우물 카미:쓰] 목요일

يَوْمُ الْجُمْعَة

[야무물 주므아] 금요일

يَوْم السَّبْت

[야우몽 쌉트] 토요일

🔊 **Track** 부록-필수단어-국가 / 도시 🌐

كُورِيَا

[쿠:리야:] 한국

سِيُول

[씨:울] 서울

بُوسَان

[부:싼:] 부산

اَلصِّين

[았씬:] 중국

اَلْيَابَان

[알야:반:] 일본

أَمْرِيكَا

[아므리:카:] 미국

فَرَنْسَا

[파란싸:] 프랑스

تُرْكِيَا

[투르키야:] 터키

اَلْعِرَاق
[알이라:끄] 이라크

اَلْأُرْدُنّ
[알우르둔] 요르단

إِيرَان
[이:란:] 이란

مِصْر
[미스르] 이집트

اَلْقَاهِرَة
[알까:히라] 카이로

قَطَر
[까따르] 카타르

اَلْيَمَن
[알야만] 예멘

فِلَسْطِين
[필라쓰띤:] 팔레스타인

اَلْقُدْس
[알꾸드쓰] 예루살렘

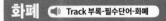 화폐 Track 부록-필수단어-화폐

رِيَال
[리얄:] 리얄(단수)

دِينَار
[디:나:르] 디나르(단수)

لِيرَة
[리:라] 리라(단수)

جُنَيْه
[주나이흐] 파운드(단수)

دِرْهَم
[디르함] 디르함(단수)

دُولَار
[둘:라:르] 달러(단수)

색깔 🔊 Track 부록-필수단어-색깔

أَحْمَر
[아흐마르] 빨간색

بُرْتُقَالِيّ
[부르투깔:리:] 주황색

أَصْفَر
[아스파르] 노랑색

أَخْضَر
[아크다르] 초록색

أَزْرَق
[아즈락] 파랑색

بَنَفْسَجِي

[바나프싸지:] 보라색

أَبْيَض

[아브야드] 흰색

أَسْوَد

[아쓰와드] 검정색

ذَهَبِيّ

[다하비:] 금색

بَحْرِيّ

[바흐리:] 하늘색

وَرْدِيّ

[와르디:] 분홍색

위치 Track 부록-필수단어-위치

هُنَا

[후나:] 여기

هُنَاكَ

[후나:카] 저기

أَمَام

[아마:마] 앞

وَرَاء

[와라아(아)] 뒤

جَانِب
[자:닙] 옆

فَوْقَ
[파우까] 위

تَحْتَ
[타흐타] 아래

يَمِين
[야민:] 오른쪽

يَسَار
[야싸:르] 왼쪽

شَرْق
[샤르끄] 동

غَرْب
[가릅] 서

جَنُوب
[자눕:] 남

شَمَال
[샤말:] 북

 장소 Track 부록-필수단어-장소

مَطَار
[마따:르] 공항

مَحَطَّة

[마핫똬] 역, 정류장

فُنْدُق

[푼두끄] 호텔

بَيْت

[바이트] 집

شَقَّة

[샤까] 아파트

سُوق

[쑤:끄] 시장

بَنْك

[반크] 은행

مَكْتَبَة

[마크타바] 도서관

صَيدَلِيَّة

[싸이달리:야] 약국

مَقْهى

[마끄하:] 카페

حَدِيقَة

[하디:까] 공원

سِينَمَا

[씨:나마:] 영화관

مَعْرِض

[마으리드] 전시회, 박람회

مَطْعَم

[마뜨암] 식당

مَحَلّ

[마할] 가게

حَمَّام

[함맘ː] 화장실

شَرِكَة

[샤리카] 회사

مَكْتَب

[마크탑] 사무실

مَصْنَع

[마스나으] 공장

مَدْرَسَة

[마드라싸] 학교

جَامِعَة

[자ː미아] 대학교

مَلْعَب

[말압] 운동장

مَعْهَد

[마으하드] 학원

مَسْجِد
[마쓰지드] 이슬람 사원

قِطَار
[끼따:르] 기차

حَافِلَة
[하:필라] 버스

طَائِرَة
[따:이라] 비행기

سَفِينَة
[싸피:나] 배(Ship)

سَيَّارَة
[싸이야:라] 자동차

دَرَّاجَة
[다르라:자] 자전거

مِتْرُو
[미트루:] 지하철

تَاكْسِي
[탁:씨:] 택시

مِصْعَد
[미스아드] 엘리베이터

فَعَلَ
[파알라] 하다

أَصْبَحَ
[아스바하] ~이 되다

أَكَلَ
[아칼라] 먹다

تَنَاوَلَ
[타나:왈라] 먹다, 복용하다

شَرِبَ
[샤리바] 마시다

شَاهَدَ
[샤:하다] 보다

سَمِعَ
[싸미아] 듣다

تَكَلَّمَ
[타칼라마] 말하다

عَلَّمَ
[알라마] 가르치다

تَعَلَّمَ
[타알라마] 배우다

دَرَسَ
[다라싸] 공부하다

سَافَرَ

[싸:파라] 여행하다

رَكِبَ

[라키바] (이동수단을) 타다

ذَهَبَ

[다하바] 가다

زَارَ

[자:라] 방문하다

دَخَلَ

[다칼라] ~로 들어가다

وَصَلَ

[와쌀라] 도착하다

رَجَعَ

[라자아] 돌아오다

صَرَفَ

[쏴라파] 환전하다

إِشْتَرَى

[이슈타라:] 사다

قَابَلَ

[까:발라] 만나다

أَحَبَّ

[아합바] 사랑하다

شَعَرَ
[샤아라] 느끼다

تَحَدَّث
[타핟다tha] 이야기하다

أَرَادَ
[아라:다] 원하다

تَمَنَّى
[타만나:] 바라다

أَخَذَ
[아카다] 취하다, 가지다(take)

شَكَرَ
[샤카라] 감사하다

بَدَأَ
[바다아] 시작하다

كَتَبَ
[카타바] 쓰다

إِسْتَيْقَظَ
[이쓰타이까돠] (잠에서) 깨다

إِسْتَخْدَمَ
[이쓰타크다마] 사용하다

حَمَلَ
[하말라] 지니다, 운반하다

كَبِير
[카비:르] 큰

صَغِير
[솨기:르] 작은, 어린

كَثِير
[카thi:르] 많은

قَلِيل
[깔릴:] 적은

سَرِيع
[싸리:으] 빠른

بَطِيء
[바띠:으] 느린

بَعِيد
[바이:드] 먼

قَرِيب
[까립:] 가까운

طَوِيل
[따윌:] 긴

قَصِير
[까씨:르] 짧은

سَهْل
[싸흘] 쉬운

صَعْب
[쏴읍] 어려운

لَذِيذ
[라디:드] 맛있는

مُمْتِع
[뭄티으] 즐거운

جَمِيل
[자밀:] 아름다운

مَشْهُور
[마슈후:르] 유명한

مُهِمّ
[무힘] 중요한

رَائِع
[라:이으] 훌륭한

전치사 🔊 Track 부록-필수단어-전치사

مَعَ
[마아] ~와 함께

إِلَى
[일라:] ~을 향해

عَنْ

[안] ~에 대하여

لِـ

[리] ~을 위해

عَبْرَ

[아브라] ~을 통해

عِنْدَمَا

[인다마:] ~할 때

قَبْلَ

[까블라] ~ 전에

عَلَى

[알라:] ~ 위에

لِمُدَّة

[리묻다] ~ 동안

بِسَبَب

[비싸밥] ~ 때문에

بَدَلاً مِنْ

[바달라민] ~ 대신에

접속사 🔊 Track 부록-필수단어-접속사

وَ

[와] ~와(과)

أَنْ

[안] 그리고

فَ

[파] 그래서

لَكِن

[라킨] 그러나

ثُمَّ

[thum마] 그러고 나서

의문사 🔊 Track 부록-필수단어-의문사 ?

مَنْ

[만] 누가

مَتَى

[마타:] 언제

أَيْنَ

[아이나] 어디

مَاذَا

[마:다:] 무엇(동사문)

مَا

[마:] 무엇(명사문)

كَيْفَ

[카이파] 어떻게

لِمَاذَا

[리마:다:] 왜

أَيّ

[아이이] 어떤

كَمْ

[캄] 얼마

هَلْ

[할] ~입니까?

- **MEMO**

مَرْحَبًا.

[마르하반]

안녕하세요.

أَهْلاً وَسَهْلاً.

[아흘란 와싸흘란]

환영합니다.

إِلَى اللِّقَاءِ.

[일랄리까(아)]

또 만나요.

شُكْرًا (جَزِيلاً).

[슈크란 (좌질·란)]

(대단히) 감사합니다.

أَنَا آسِفٌ.

[아나: 아:씨프]

죄송합니다.

عَفْوًا.

[아프완]

천만에요.

صَبَاحَ الْخَيْرِ.

[쏴바:할 카이르]

아침인사 좋은 아침이에요.

مَسَاءَ الْخَيْرِ.

[마싸:알 카이르]

저녁인사 좋은 저녁이에요.

آلُو؟

[알·루:]

통화 여보세요?

لَوْ سَمَحْتَ.

[라우 싸마흐타]

실례합니다.

مَا اسْمُكَ؟

[마:쓰무카]

당신의 이름은 무엇입니까?

أَنَا ooo.

[아나: ooo]

저는 ooo(이름)이에요.

أَنَا مِنْ كُورِيَا.

[아나: 민 쿠:리야:]

저는 한국에서 왔어요.

مَا عَمَلُكَ؟

[마: 아말루카]

당신의 직업은 무엇입니까?

أَنَا طَالِب جَامِعِيّ.

[아나: 똴:립 좌:미이:]

저는 대학생이에요.

هِيَ مُوَظَّفَة جَدِيدَة.

[히야 무왇돠파 좌디:다]

그녀는 신입사원이에요.

هَلْ أَنْتَ عَرَبِيّ؟

[할 안타 아라비:]

당신은 아랍인이에요?

لَا، أَنَا كُورِيّ.

[라:, 아나: 쿠:리:]

아니요, 저는 한국인이에요.

وَأَنْتَ؟

[와 안타]

되묻는 표현 당신은요?

هَلْ أَنْتَ مُسْلِمٌ؟

[할 안타 무쓸림]

너는 무슬림이니?

نَعَمْ. أَنَا مُسْلِمٌ.

[나암. 아나: 무쓸림]

응, 나는 무슬림이야.

مَا هَذَا؟

[마:하다:]

이것은 무엇이니?

أَيْنَ ooo؟

[아이나 OOO]

ooo은 어디예요?

إِلَى الْيَمِينِ.

[일랄 야민:]

오른쪽으로 (가세요).

إِلَى الْيَسَارِ.

[일랄 야싸:르]

왼쪽으로 (가세요).

مَا هِوَايَتُكَ؟

[마: 히와:야투카]

너의 취미는 뭐야?

أُحِبُّ أَنْ ooo.

[우힙부 안 OOO]

나는 OOO 하기를 좋아해.

أَنَا سَعِيد.

[아나: 싸이ː드]

나는 행복해요.

أَنَا غَضْبَان.

[아나: 가드반ː]

나는 화났어요.

أَنَا حَزِين.

[아나: 하진ː]

나는 슬퍼요.

أَنَا تَعْبَان.

[아나: 타으반ː]

나는 피곤해요.

أَنَا عَطْشَان.

[아나: 아뜨샨ː]

나는 목말라요.

أَنَا مَرِيض.

[아나: 마리ː드]

나는 아파요.

أَنَا جَوْعَانُ قَلِيلًا.

[아나: 좌우아ː누 깔릴ː란]

나는 조금 배고파요.

أَعْطِنِي تَمْرًا.

[아으띠니: 타므란]

대추야자 주세요.

لَذِيذ.

[라디ː드]

맛있어요.

مَاذَا تُرِيدُ؟
[마:다: 투리:두]
주문할 때 무엇을 원하세요?

اِنْتَظِرْ قَلِيلًا.
[인타디르 깔릴:란]
잠시만 기다리세요.

بِكَمْ هَذَا؟
[비캄 하다:]
이거 얼마예요?

غَالٍ.
[갈:린]
비싸네요.

مَبْرُوك!
[마브룩:]
축하해!

عِيد مِيلَاد سَعِيد.
[이:드 밀라:드 싸이:드]
생일 축하해.

اِنْتَبِهْ!
[인타비흐]
조심해!

لَا بَأْس.
[라 바으쓰]
괜찮아.

كَم السَّاعَةُ الآنَ؟
[카밋 싸:아툴 아:나]
지금 몇 시예요?

اَلْجَوُّ لَطِيف.

[알좌우: 라띠:프]

날씨가 좋아요.

طَيِّب.

[따입:]

수락 좋아.

لاَ أَظُنُّ ذَلِك.

[라: 아둔누 달릭]

나는 그렇게 생각하지 않아.

عِيد سَعِيد.

[이:드 싸이:드]

행복한 명절 보내세요.

كُلُّ عَام (سَنَة) وَأَنْتُم بِخَيْر.

[쿨루 암: (싸나) 완툼 비카이르]

명절 인사 매년 당신이 잘되길 빕니다.

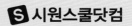